Qué quieren *realmente* los hombres en la cama

Los sorprendentes secretos que los hombres
desean que las mujeres conozcan sobre el sexo

CYNTHIA W. GENTRY

Y

NIMA BADIEY

Traducción: Diana Esperanza Gómez

PANAMERICANA
EDITORIAL

Primera edición en Panamericana Editorial Ltda.
abril de 2012

Título original
What Men Really Want in Bed

© Cynthia W. Gentry y Nina Badiey
© Quayside Publishing Group 2006

© 2008 Panamericana Editorial Ltda.
Calle 12 No. 34-30, tel.: (57 1) 3649000
Fax: (57 1) 2373805
Bogotá D. C., Colombia

Editor
Panamericana Editorial Ltda.
Edición
Javier R. Mahecha López
Traducción del inglés
Diana Esperanza Gómez
Diagramación
E. Yolanda Cardozo F.
Diseño de carátula
Diego Martínez Celis
Fotos carátula
© Carolina K. Smith MD - Fotolia.com
© Karam miri - Fotolia.com

ISBN 978-958-30-3401-5

Impreso por Panamericana Formas e Impresos S. A.
Calle 65 No. 95-28, tels.: (57 1) 4302110 - 4300355. Fax: (57 1) 2763008
Bogotá D. C., Colombia
Quien solo actúa como impresor.
Impreso en Colombia - *Printed in Colombia*

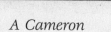

A Cameron

Contenido

CAPÍTULO UNO

¿Qué quieren los hombres en la cama?

¡Pregúntales! (Nosotros lo hicimos)

Observa rápidamente la sección de "educación sexual" de alguna librería. La mayoría de los libros que posiblemente encontrarás están escritos por mujeres, algunos con un

Hola, soy Nima, tu copiloto en este viaje. Soy la "voz que habla" en este libro, y ocasionalmente apareceré para presentar ideas acerca de la sabiduría masculina. Como soy el hombre en esta relación, ninguna de mis respuestas estará basada en datos de encuestas ni teorías cuantificables. Lo estarán, simplemente, en mi propia opinión, por lo general incorrecta y parcializada. Pero, escúchame, ese soy yo... el hombre.

■ ■ ■ ■ ■

avanzado grado de información. Encontrarás temas variados, desde cómo tener fascinante sexo oral hasta cómo lograr el orgasmo en menos de cinco minutos. Estos expertos prometen: "lee mi libro y podrás dar a cualquier hombre la mejor noche de su vida". Incluso, existe un libro muy popular que garantiza cien "técnicas avanzadas" para "volver a un hombre loco en la cama". (Si estamos cansados después de intentar cinco técnicas, imagina cómo nos sentiremos después de intentar cien). Pero en todos aquellos estantes de libros falta un autor: un hombre.

Es válido obtener consejos reales de otras mujeres, sean expertas o no. Pero, en realidad, ¿qué es lo que este hombre lleno de vigor y listo para la batalla desea en la cama? ¿En verdad necesita cientos de técnicas avanzadas o, simplemente, espera verte desnuda y portando nada más que una sonrisa?

En este libro contestamos todas esas preguntas. En realidad, deseábamos finalmente darles a los hombres la oportunidad de compartir aquello que les gusta y no les gusta en el sexo. ¿Quién mejor que un hombre para discutir su propia sexualidad? La idea se generó mientras Cynthia escribía *The Bedside Orgasm Book*. Mientras investigaba para escribir su libro, estableció contacto por medio de correo electrónico con varios amigos hombres, y les pidió que compartieran lo más excitante que alguna mujer ha hecho por ellos en la cama. También les preguntó cómo ellas los hacían sentir especiales y recompensados. Sus respuestas sinceras le indicaron que muy cerca de nosotras existe gran cantidad de información aún sin revelar, allí en la cama, y que, por lo general, nos sentimos apenadas o incómodas al preguntar al respecto. O puede ser que nos sintamos muy confiadas con nuestro compañero. En una relación a largo plazo es muy fácil sentirse a gusto y olvidar de vez en cuando confirmar con el otro lo que se siente.

En contacto con los hombres

Para escribir este libro, ampliamos nuestra red; creamos una encuesta en línea en el sitio Zoomerang.com para pedirles a los hombres que nos contaran lo que deseaban que sus esposas y novias supieran acerca de la seducción, los juegos preliminares, el sexo oral, la masturbación, el acto sexual, las posiciones sexuales, la imagen corporal y demás temas relacionados.

Algunas advertencias antes de continuar: esta no fue una encuesta científica con el fin de obtener datos para ampliar nuestra imaginación. Nosotros no somos sociólogos ni científicos (a menos que cuentes con la experiencia de Nima en ingeniería mecánica, que nos lleva a concluir cómo encajar los datos). No somos los Kinsey. Simplemente, somos gente del común que tiene una curiosidad superior a la promedio por conocer acerca del sexo. Sencillamente, preguntamos aquello que deseábamos saber.

Enviamos esta encuesta a todos los hombres que conocemos y les pedimos que se la reenviaran a sus amigos. De igual manera, la mandamos a varias docenas de mujeres, con la solicitud de que la reenviaran a sus esposos, novios y amigos hombres. En total, la encuesta llegó a casi 300 hombres alrededor de los Estados Unidos y otras partes del mundo. Sus edades oscilaron entre los 23 y los 64 años. Muchos eran estudiantes, arquitectos, electricistas, políticos, científicos y enfermeros. No les solicitamos más información demográfica que estos simples datos, de modo que, con respecto al sexo oral, por ejemplo, no hay manera de comparar la opinión de un californiano con la de un francés. Algunos hombres prefirieron responder anónimamente, otros utilizaron seudónimos, aunque hubo también quienes no tuvieron problemas en hacerlo con sus nombres propios.

Sus respuestas nos dieron una amplia visión de la psique masculina, y algunas veces nos sorprendieron. Jamás, por ejemplo, hubiésemos imaginado que los hombres identifican las nalgas como la parte más sensual de la anatomía femenina, por encima del busto. Otros resultados confirmaron lo que ya sospechábamos: que la mayoría de los hombres son seres especiales que desean que sus compañeras disfruten del sexo y que hacen lo que sea posible para asegurarse de que esto ocurra. A cambio, lo único que piden es que demuestres un poco de entusiasmo y que les digas lo que deseas, en vez de esperar a que ellos lean tu mente.

Mientras escribíamos este libro, confirmamos nuestra sospecha de que la mayoría de los problemas en nuestra relación se pueden solucionar hablando con nuestra pareja en vez de apostar con nuestros amigos o compararnos con las personas de los artículos que leemos en las revistas. Esperamos que este libro los lleve al diálogo y permita que las mujeres y sus amantes compartan el tema.

"La seducción es mejor que el orgasmo".

—George, 50 años, abogado

CAPÍTULO DOS

Secretos de seducción

Tal vez cruzaron miradas a través de la multitud de una sala. Quizá esta es tu tercera cita. ¡Quizá eres casada! Cualquiera que sea la relación, ¿cómo sabes si él desea llevarte a la cama o, simplemente, espera coquetear un rato? ¿Y cómo le demuestras a tu esposo, quien está pegado al

15

computador, o al muchacho sensual que acabas de conocer que quieres jugar un rato?

Les preguntamos a los hombres qué desearían que las mujeres supieran acerca del antiguo arte de la seducción —aquello que esperan que las mujeres conozcan de cómo los hombres intentan llevarlas a la cama— y cómo les gustaría ser seducidos. Según los datos, a los hombres les encanta cuando las mujeres toman la iniciativa y, tal como más de uno lo expresó, ¡la seducción es un arma de doble filo!

Qué desean los hombres que las mujeres sepan sobre la seducción

Si crees que los hombres disfrutan de la seducción, estás en lo cierto. Esto fue lo que la encuesta nos reveló:

 Los hombres (bueno, casi todos) intentan seducirte

La mayoría de los hombres piensan constantemente en el sexo. Esto significa que si les atraes, estarán tratando de llevarte a la cama (tómalo como un cumplido) e intentarán lo que sea por lograrlo. Esto no significa que sean malas personas, simplemente significa que están excitados.

"Los hombres permanentemente piensan en tener sexo", dice Randy, profesor, de 45 años. "Si demuestran un poco de interés o de atracción —o, claramente, demuestran que no hay desinterés— es porque desean llevarte a la cama".

Algunos fueron más francos: "Si en realidad soy amable es porque deseo acostarme contigo", afirma Rob, consultor independiente, de 45 años.

Morgan, analista financiero, de 27 años, lo confirmó: "Debes saber que cualquier tipo de interacción está diseñada para llevarte a la cama, y a cierto nivel en las relaciones debes entenderlo. Solo un hombre entre mil desea realmente llevarte a casa para 'hablar' ".

Recuerda esto la próxima vez que un hombre que tú conozcas desnude su alma. "Cuando un hombre heterosexual trata de enredarte al hablarte de sus emociones es porque realmente desea llevarte a la cama", dice Simón, programador de 36 años. (Ten mucho cuidado con la palabra "enredarte". Los hombres, por lo general, no son muy abiertos a discutir sus emociones; si te descubren su alma poco después de haberte conocido es una buena señal. Pero si lo hacen en la primera cita, te recomendaríamos que lo consideraras como una luz amarilla que hasta ahora empieza a titilar).

No creas que él esperará a que el sol se oculte para realizar la jugada. "Si te invita a almorzar o a tomar una taza de café está incitándote a tener sexo al atardecer", dice Rob, vendedor de 36 años.

Algunos hombres utilizan claves no verbales para demostrar su interés. ¿Te toca con rapidez el brazo, el hombro o la espalda? ¿Tal vez roza tu muslo con la punta de sus dedos? Esto es señal de que está interesado en algo más que un enardecedor juego de crucigrama.

"Los hombres reflejan los estímulos que inducen en las mujeres", dice Clay, oficial de control de animales, de 31 años. "Cuando toco sensualmente a una mujer, siento como si ella me estuviese tocando, y al hacerlo espero iniciar el círculo de espontaneidad sin control".

Y debes ser consciente de que al llegar a cierto nivel los hombres esperan que sepas que intentan seducirte. "Las mujeres saben que estamos llenos de pensamientos absurdos", dice Ron, estudiante universitario, de 29 años. Pero, ¿no son estos pensamientos los que hacen más divertido el juego?

Sin importar cuán decididos estén los hombres por llevarte a la cama, no creas que su intención sea hacerlo inmediatamente. Para muchos, la seducción es interesante debido a su deliciosa

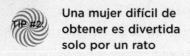

TIP #2: **Una mujer difícil de obtener es divertida solo por un rato**

incertidumbre. "La caza es tan excitante como la captura", anota Allen, productor de películas, de 35 años.

Esto no significa que debas resistirte a sus insinuaciones indefinidamente si este hombre en realidad te interesa. "La resistencia divertida es muy excitante, pero una mujer difícil de obtener es muy aburrida", dice Robert, abogado, de 39 años. "La caza es excitante solo cuando el perro captura al zorro. Si el zorro escapa, solo se tratará de la carrera de uno en pos del otro".

No tengas miedo de demostrar un poco de interés. "Los hombres siempre buscan señales que les indiquen que la mujer también desea tener sexo", dice Walt, gerente de mercadeo, de 27 años. La mujer debe asegurarse de indicar al hombre que "se está encendiendo la llama". A los hombres no les gusta perder su tiempo en persecuciones triviales (si lo hacen es porque probablemente tienen algún propósito del cual no te gustaría enterarte); si tardas demasiado tiempo haciéndote la difícil te arriesgas a que la caza termine antes de que te atrapen.

"Los hombres creen que deben ser indirectos, pero a ellos no les gustan los rodeos", nos dice Nigel, científico, de 31 años. "Si un hombre demuestra interés es porque te desea, punto; pero si no recibe una señal clara de que tú también lo deseas, se retira".

La clave está en saber que la seducción involucra cierto grado de diversión. "Evaluamos la marea mientras coqueteamos para saber

ELLA DICE

¡Odio, odio, odio la expresión "difícil de obtener"! Si deseas dormir con un hombre la misma noche que lo conozcas, o en la primera cita, ¡hazlo! Simplemente debes estar segura y no esperar una relación (imagina la sorpresa que te llevarás si te llama). Si decides no acostarte con él esa misma noche, hazlo porque deseas protegerte emocionalmente y no porque estés intentando alguna estrategia poco convincente para atraparlo.

■ ■ ■ ■ ■

cómo reaccionas", comenta Ben, arquitecto, de 40 años. "Si te sientes ofendida por comentarios como 'tienes piernas muy bonitas' o 'tu trasero es hermoso' no vamos a intentar seducirte. ¡Despierta!".

 Seducir a una mujer es más difícil de lo que parece

 Los hombres también son humanos

Mujeres, sientan un poco de compasión por su hombre. Sí, los hombres desean seducirte; sin embargo, eso no significa que en realidad sepan cómo hacerlo. T. J., músico, de 42 años, lo dice de

forma más clara: "Me gustaría que las mujeres supieran cuán difícil es seducirlas. Cada mujer responde de manera diferente, y, se espera que los hombres puedan ser capaces de anticiparse a ese hecho y adaptarse".

Los hombres de nuestra encuesta comentaron acerca del grado de inseguridad de sus habilidades de seducción:

✱ "A pesar de las apariencias, también nos sentimos inseguros al ir a la cama con ustedes. Queremos una señal clara. Sería mucho mejor (para los dos)". –Sam, 46 años, consultor de negocios.

✱ "La mayoría de los hombres no tiene la menor idea de cómo seducir a una mujer". –Mike, 23 años, estudiante y empleado.

✱ "Muchos hombres no saben cómo llevar a las mujeres a la cama y enfrentan numerosos tropiezos al hacerlo. La mayoría de los hombres sinceros son muy inseguros con respecto a la

seducción y aquellos seductores confiados son, por lo general, unos estúpidos y nos hacen quedar muy mal a los demás".
–J. B., 50 años, ingeniero de sistemas.

* "En realidad no sabemos lo que hacemos; es muy gracioso".
–Rick, 27 años, estudiante.

* "Algunos hombres no se sienten muy bien con sus cuerpos, tal como les ocurre a las mujeres. Muchas veces llevar a una mujer a la cama es una oportunidad para poder elogiar su cuerpo".
–Jordan, 45 años, profesional en mercadeo.

Por tanto, debes ser muy delicada con sus sentimientos (recuerda el *tip # 3*). Si no estás interesada en sus insinuaciones, no sigas con el juego. "A nadie le gusta que lo rechacen, pero sí hay que ser directas y decir 'muchas gracias, pero hasta aquí llego' ", dice Marcus, de 47 años. "Simplemente, debes ser delicada. Es mejor decir que estás comprometida o que no estás disponible, en vez de no llamar o ser demasiado diplomática". De este punto partimos hacia el siguiente consejo y tal vez el más importante sobre los hombres y la seducción:

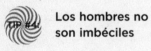
Los hombres no son imbéciles

Sí, a los hombres les gusta el sexo, y, por lo general, están intentando que tú lo hagas con ellos, pero eso no significa que todo hombre agradable que conozcas sea un jugador deshonesto que solamente piensa en tener una aventura de una noche contigo. "En realidad, le gustas", dice Pete, vendedor, de 42 años.

"La mayoría de los hombres ni siquiera intentará utilizar 'tácticas' como los chistes o el alcohol", dice Jack, diseñador gráfico, de 52 años. "De hecho la mayoría de los hombres que conozco objetan la idea de manipular a las mujeres (o a cualquier otra persona) para conseguir lo que quieren".

Los hombres saben que debes confiar en ellos primero antes de intimar. Bruce, planeador financiero, de 31 años, habla a nombre de muchos cuando dice que "me gusta primero crear cierto nivel de confianza, de modo que ella sienta que podemos estar en la cama sin sentirnos incómodos".

De hecho, la idea de seducir a alguien simplemente por hacerlo hace desistir a muchos hombres. "No es que sea muy delicado, pero conquistar a una mujer simplemente para acostarme con ella no me interesa", dice Patrick, profesional en mercadeo, de 41 años. "Si siento cierta conexión mientras nos besamos, terminaremos finalmente en la cama". Por tanto, no canceles a un hombre que no sea muy seductor.

"Los hombres que aparentan ser encantadores están probablemente desarrollando alguna habilidad que han aprendido y no necesariamente son buenos en la cama; quienes no tienen habilidades para parecer encantadores pueden, en realidad, ser los únicos buenos", dice Richard, profesor, de 35 años. "Es más fácil y mucho más divertido enseñar a un hombre bueno a ser encantador que enseñar a un hombre encantador a ser bueno".

Mientras muchos hombres fueron honestos al compartir sus secretos de seducción con nosotros, otros fueron muy evasivos.

ÉL DICE

El sexo es mucho más que insertar "A" en el agujero "B". No se trata de armar un mueble, sino de practicar el arte de la seducción; por esto, es absolutamente importante ser muy abierto con respecto a tus sentimientos y a los que esperas.

Dato curioso: Los hombres solo saben el 1 % de aquello que las mujeres desean que sepan; de modo que si en verdad deseas que un hombre haga algo especial, debes decírselo. Escuchamos muchas quejas de las mujeres con respecto a que los mejores hombres son homosexuales o están comprometidos. Si encuentras a un hombre maravilloso debes "invertir" un poco en él. No nacemos con el conocimiento requerido para tener éxito con las mujeres, pero si tú le dedicas un poco de esfuerzo y tiempo obtendrás a cambio mucho más. Recuerda: queremos aprender ¡si tú estás dispuesta a enseñarnos!

■ ■ ■ ■ ■

La mayor sorpresa que puedes llevarte es cuando te enteras de que hay una mujer interesada en ti, especialmente cuando no tenías la menor idea de que esto estaba ocurriendo (obviamente, es de gran ayuda cuando tú también estás interesado en ella). No hay nada más sensual que una mujer seduciendo a un hombre. Nos encanta la idea de que nos inviten a tomar vino, a comer y... todas esas cosas. Además, nos encanta la idea de estar debajo durante el sexo (es mucho más fácil).

■ ■ ■ ■ ■

"No creo que haya algo en particular que me gustaría que supieran las mujeres acerca de este tema", nos dijo alguien al responder la encuesta y que no quiso mencionar su nombre.

Otro igualmente, nos comentó: "¿Por qué tengo que dar a conocer el juego?".

 ¿Por qué debemos dar a conocer nuestro juego?

¿Será que estos hombres son tan expertos en la seducción que dar a conocer sus técnicas acabaría con su encanto? No. Ellos simplemente pertenecen a la muy conocida escuela que utiliza el misterio como el ingrediente clave de la danza en las relaciones entre hombres y mujeres.

"Las mujeres no deben saber cómo intentamos seducirlas", dice Bryan, productor de películas, de 29 años. "Por esto el juego es tan agradable. Si ellas conocieran los trucos no sería tan excitante".

Obviamente, existe otra razón por la cual los hombres estaban tan reticentes a dar a conocer sus herramientas de seducción: ellos suponían que las mujeres ya conocían todos sus trucos. "Creo que las mujeres no necesitan saber nada más acerca de cómo hacemos los hombres para llevarlas a la cama", dice, riéndose, P. B., cazador de talentos corporativo, de 51 años. "Ellas tienen mucha experiencia en este campo".

Mujeres, ¡es correcto dar el primer paso!

Bueno, ya sabes algo importante: a los hombres les gusta el juego de seducción. Pero esto no significa que siempre les guste hacer todo el trabajo. ¿Crees que a los hombres les gusta que las mujeres tomen la iniciativa al llegar el momento de la seducción? Un asombroso 57 % respondió "sí, ¡obviamente!". Otra cantidad sustancial, el 43 %, dijo que todo dependía de la mujer y de la situación. Ningún hombre reconoció preferir tomar la iniciativa.

Un solo hombre comentó que el toma-y-dame de la seducción es lo que mantiene interesante este juego: "Las mujeres a veces necesitan seducir a los hombres para mantener el balance de la tensión sexual", dice Malcolm, gerente; Dan, corredor de bolsa, de 38 años, afirma: "Asumiendo que siempre deseo llevar a las mujeres a la cama, lo cual no es cierto, diría que las mujeres se sienten más cómodas tomando la iniciativa".

¿Te gusta que las mujeres tomen la iniciativa?

Nima: ¿Cuándo fue la última vez que un hombre le dijo "no" al sexo?

Cynthia: ¡Uh!, qué pregunta, cariño. Lo creas o no, ha ocurrido. No trates de saltar sobre tu hombre durante los últimos cinco minutos cruciales del juego que define el campeonato ni cuando se encuentra demasiado estresado o muy cansado. "Los hombres también son humanos".

■ ■ ■ ■ ■

Además, no hace falta mencionar el hecho de que los hombres se agotan jugando al seductor. "Es muy difícil para nosotros iniciar constantemente todas las jugadas", se queja Paul, estudiante graduado, de 29 años. "¿Por qué no puede ser lo contrario de vez en cuando?".

Cómo seducir a un hombre

Entonces, y ya considerando que los hombres desean que tú los seduzcas de vez en cuando, ¿cuál es el movimiento o gesto sensual que debes realizar para indicar tus intenciones? Acá presentamos algunos excelentes consejos, suministrados por hombres, acerca de la manera como ellos desean ser seducidos:

 TIP #1: Sé directa

Flash de noticias: Los hombres no pueden leer la mente. De hecho, Cynthia dice que jamás ha conocido a un hombre que tenga percepción extrasensorial, a pesar de argumentar que Nima, de cierta manera, "entiende" cuando ella desea que él saque la basura. No seas tan tímida al punto de que él no pueda saber cuándo estás interesada. "Acorta el camino", dice Sam, músico, de 52 años, quien expresa un sentimiento compartido por la mayoría de los hombres participantes en nuestra encuesta.

"Si una mujer desea estar conmigo, es muy fácil, simplemente debe decirlo", resalta David, administrador de sistemas, de 43 años.

"Me gusta que las chicas sencillamente me digan que están interesadas".

-Ted, asistente de producción, de 27 años.

Y cuando los hombres piden que seas directa es porque en realidad desean que seas directa. Para Nigel "un explícito 'ven' " es la mejor manera de seducirlo. Y hay otro hombre que le aconseja a su mujer que "haga lo mismo que él haría por ella: emborracharla, decirle que está ardiendo y empezar a tocar su pecho". A Álex, gerente, de 32 años, le gusta que "lo miren y lo lleven hacia la habitación, la sala o, incluso, ¡el auto!".

TIP #2: **Sé honesta**

Los hombres de nuestra encuesta, además de desear que seas directa, esperan que seas tú misma. Ellos piensan que no existe nada más desalentador que una mujer tratando de interpretar un rol que no es el suyo. "Una mujer real es mucho más sensual que aquella que desea parecer una dama fatal o una reina de hielo", cuenta Patrick, escritor, de 40 años. "Una sonrisa en tus labios te hace ver más provocativa que cuando pretendes ser fría o sensual".

"Me gusta cuando ella confía en su sexualidad y expresa verbalmente lo que desea", dice William, gerente de desarrollo de negocios, de 39 años. "Deseo saber si está preparada para el viaje (figurativa y literalmente)".

TIP #3: **Ten contacto físico**

El primer indicio para un hombre de tus deseos de contacto físico es cuando… bueno, tienes contacto físico. No hay nada mejor que le indique a un hombre tu deseo por él que un simple roce, un golpecito u otro acto similar. "Yo sé que ella está interesada cuando empieza a 'rozarme cariñosamente'", nos dice Bruce. "Me enciende cuando una mujer empieza a tocar mi brazo o mis hombros en público. Por lo general, es una buena señal".

ÉL DICE

Pide sexo y recibirás sexo. Manda algunas pistas y probablemente no obtendrás nada. Si no puedes expresar lo que deseas no obtendrás caricias contra la pared, enredos entre las sábanas ni besos en los oídos que te conducirán a ese orgasmo que deseas con tantas ansias.

■ ■ ■ ■ ■

Para algunos hombres basta un simple e "inocente" roce. Sin embargo, cualquiera de las siguientes señales puede reflejar tu interés:

* "Besar mi cuello". –Sam, 52 años, músico.

* "Conversaciones adornadas por juegos y suaves toquecitos". –Claude, 34 años, músico.

* "Juegos que incluyen pequeños roces en cualquier parte de mi cuerpo, especialmente en el cuello". –Sam, 46 años, consultor de negocios.

* "Contacto corporal suave y muy sutil, tal vez su mano muy cerca de la mía".
  –Ralph, 34 años, estudiante.

* "Tomar suave y sutilmente mi pierna o mi brazo". –Scott, 29 años, estudiante.

* "Movimientos corporales excitantes con manoseos casuales y muy suaves, como cuando roza mi cuerpo con sus senos". –George, 50 años, abogado.

Para otros hombres se requieren movimientos mucho más agresivos. ¿No captas la idea? Entonces, intenta algo de esto:

* "Un abrazo fuerte seguido de un beso francés, o una picada de ojo y una sonrisa acompañada por el movimiento de la lengua al humedecer los labios". –Nombre reservado.

* "Un beso francés muy jugoso y una caricia genital". –Randy, 45 años, profesor.

* "Rozar su cuerpo con el mío o intentar besarme". –Joe, 59 años, consultor.

✱ "Frotar la parte interna de mi muslo". –Peter, 58 años, enfermero.

✱ "¡Agarrar mi trasero u oprimir a mi amiguito juguetonamente! Seducirme con sus prendas puestas y besarme". –Ben, 40 años, arquitecto.

✱ "En una ocasión mi novia se humedeció los labios, tomó mi camisa y me llevó hacia la habitación. Eso fue muy excitante". –Jordan, 45 años, profesional en mercadeo.

Sin embargo, sin importar cuántas veces te "tropiezas" con él accidentalmente, recuerda que debes ser muy directa y decir lo que deseas. "Para empezar, si ella encuentra alguna excusa para tener contacto físico repetidamente, es un signo muy claro de interés, pero nunca podrá cerrar el trato si no es franca con respecto a lo que desea o quiere", dice Richard.

TIP #3: **No te olvides del resto de su cuerpo**

Es cierto, algunos hombres solo quieren que vayas directamente hacia su paquete. Pero no limites tus movimientos seductores al agarre constante de aquello que tiene entre sus piernas; perderás la oportunidad de volverlo verdaderamente loco. "Los hombres son mucho más que su pene", resalta William, de 39 años. "No te concentres allí. Pon atención a la totalidad de nuestro cuerpo. Está cubierto de zonas erógenas".

TIP #4: **Usa los ojos**

No subestimes el poder de tu mirada. Una y otra vez, los hombres de nuestra encuesta mencionaron el "contacto visual" como la señal más acertada de que una mujer está tratando de seducirlos. Tu mirada puede ser rápida, constante o muy directa. "Exprésate con los ojos y sé muy obvia con respecto a lo que quieres", dice Brian, productor de películas, de 29 años. Aquí presentamos algunos consejos:

* "Mírame y después mira hacia la habitación". –Jeffrey, 51 años, no menciona su profesión.

* "Dame una mirada provocadora, una sonrisa sensual y acércarte suavemente a decirme algo en el oído". –Ted, 44 años, gerente de logística.

* "Haz contacto visual directo sin entablar conversación y reconoce que nos atraemos".
–Allen, 35 años, productor de películas.

No tienes que mover los ojos de un lado a otro para hacerte entender. "Las miradas traviesas funcionan para mí", dice Matt, activista político, de 46 años. "Piensa maliciosamente, sin llegar a ser descarada. La exageración me causa risa".

 TIP #5: Háblale Algunos hombres responden mejor a las pistas verbales. "Nunca puedes vencer a una mujer que camina hacia ti en busca de conversación", dice Paul, de 29 años. Algunas sugerencias para involucrarte en el arte de la seducción verbal incluyen:

* "Inicia la conversación y mantenla". –Steve, 27 años, estudiante.

* "Habla sucio. Un comentario indiscreto inicia un largo camino".
–Tom, 31 años, abogado.

* "Muestra tu deseo sexual sin necesidad de ser brusca". –Robert, 39 años, abogado.

* "Susúrrame, alábame".
–Matt, 46 años, activista político.

* "Involúcrame en una conversación directa e inesperada.

Nima: Toma otro consejo: juega seductoramente con la comida. Si el hombre no entiende que deseas sexo mientras absorbes sensualmente los espárragos, o te introduces el banano bien adentro de tu garganta, es un tonto.

Cynthia : Como podrás suponer, esta técnica solo funciona a la perfección si tienes suerte de estar con un hombre que tiene una fijación oral.

■ ■ ■ ■ ■

No necesariamente debe ser de sexo".
–Simón, 36 años, programador.

El factor sorpresa también puede hacer que el motor de los hombres revolucione. Entonces, haz volar su imaginación cuando menos lo espera, y lo escucharás jadeando antes de lo previsto. "Haz alusión al sexo en una situación no sexual, por ejemplo mientras almuerzan o conversan por teléfono", sugiere Patrick de, 41 años. "Cuando me dices lo que deseas o lo que te gustaría hacerme en un rato, y cuando sabemos que ambos estaremos pensando en lo mismo hasta el momento de nuestro encuentro real, nuestras sesiones intermedias son muy intensas".

TIP #6 **¡Diviértete!**

Si vas a tomar la iniciativa sexual, por Dios, disfrútalo. El sexo debe ser agradable, no debe convertirse en una batalla. No hay nada más sensual que una mujer a quien de verdad le guste el sexo. "A los hombres les gusta ser seducidos por mujeres a quienes les gusta ser seducidas", dice Gene, escritor, de 64 años. "Una mujer que indica claramente que no desea participar en su seducción tampoco podrá seducir a nadie. Esto es un proceso interactivo, no una calle de una sola vía".

¿Qué parte de tu cuerpo les parece más sensual?

Cuando se trata de seducir a un hombre, ¿en qué parte de tu cuerpo se concentra? La mayoría de los hombres, un 25 %, dice que se concentran en tus nalgas.

* "La piel es sexy, las curvas son muy sensuales. Las nalgas incluyen piel y curvas. Además, incluso cuando una mujer está prácticamente desnuda, siempre habrá algo que cubra una parte de ella, no importa si es solamente una tanga brasilera. Entonces, cuando finalmente la ves completamente descubierta, es muy erótica". –David, 43 años, administrador de sistemas.

* "Por lo general, las mujeres, incluso aquellas poco cuidadosas de su apariencia, tienen un trasero muy bonito. Esto es culpa de ellas y de Lévi-Strauss, porque no hay nada mejor que observar a tu mujer mientras camina por la habitación usando su par de jeans favorito". –Patrick, 41 años, profesional en mercadeo.

* "Por alguna razón, cualquiera que sea, las curvas son muy sensuales. Y las nalgas son extremadamente atractivas". –Mike, 23 años, estudiante y empleado de restaurante.

* "Yo creo que las nalgas dicen mucho de una mujer, además de ser la parte que completa las curvas de su cuerpo (visto de arriba abajo). Las nalgas son la prueba definitiva de lo atlética o activa que es una mujer, y del cuidado que se proporciona a sí misma". –George, 50 años, abogado.

* "Creo que es porque esta parte se utiliza durante el sexo (para agarrarla y sentir cierta atracción), y llama visualmente nuestra atracción hacia el botín".
–Andy, 45 años, electricista.

* "Pienso que encaja perfectamente con mi posición favorita: el estilo perrito. No estoy seguro de hacerme entender, es un concepto instintivo, mas no intelectual. Para mí las nalgas de una mujer son la encarnación de su sexualidad, sus curvas complejas y la entrada secreta a su santuario interno". –Jay, 50 años, ingeniero de sistemas.

✱ "Unas nalgas hermosas lucen maravillosas independientemente de las prendas que la mujer use, y creo que debemos conectarnos allí. No puedes observar unas nalgas bonitas y no pensar en sexo". –Patrick, 40 años, escritor.

✱ "Es un instinto primate que se remonta a los días de las cavernas cuando las mujeres corrían para alejarse de nosotros mientras las cazábamos, literalmente. Era el objeto natural en el cual nos debíamos enfocar". –Rob, 36 años, vendedor.

Cuando Rob y Patrick se refieren a instintos primarios y conexiones es porque desean algo. Le preguntamos al antropólogo de Stanford, Timothy King, por qué

ÉL DICE/ELLA DICE

Nima: El término "trasero" puede ser un apodo despectivo o una marca de distinción. Los hombres lo ven como lo segundo. Nos gustan todas tus partes. Si una mujer tiene un hermoso trasero... o senos... o piernas... u ojos... o labios... debemos reconocerlo y alabarlo.

Cynthia: Y no creas que un "trasero hermoso" es igual a aquellos moldeados y delineados que aparecen en las revistas. Yo siempre he sido consciente de tener lo que considero un *derrière* considerable, y Nima no puede concebir mantener sus manos alejadas de mis nalgas, sin importar si soy talla 6 (en épocas lejanas) o 12 (durante el embarazo). Creo que en realidad es muy importante este espacio entre la "cintura-cadera".

■ ■ ■ ■ ■

las nalgas de las mujeres son atractivas para los hombres. "Las nalgas no son simplemente las nalgas, también representan el radio entre las nalgas y la cintura, o el 'ángulo de la cadera' ", dice el Dr. King. "Las nalgas de cierto tamaño son una muestra de buen estado físico o de adecuada toma de calorías suficientemente saludable para tener hijos, y el radio entre las nalgas y la cintura indica que el canal para dar a luz es lo suficientemente amplio para el parto". (De hecho, a las mujeres con muy poco peso, que presentan problemas para tener hijos, se les recomienda ganarlo, puesto que un índice de grasa corporal muy bajo puede afectar negativamente la fertilidad, tal como ocurre en la situación contraria, la obesidad). Esto no explica la atracción de algunos hombres por las mujeres con figura de supermodelos que parecen palillos, pero sí genera ciertas preocupaciones acerca de las necesidades subconscientes que nos motivan y se generan con la edad (discutan entre ustedes).

Por tanto, si él no te observa las nalgas, ¿qué más esperas que vea? Sorprendentemente, dado que a los hombres les gusta que los seduzcas, el siguiente rasgo físico que añade el picante y los emociona son los ojos. "Los ojos son la ventana al botín", dice Andy, 45 de años. "Ellos te indican si en realidad vas a conseguir algo. Siempre les estoy poniendo atención".

Para mayor sorpresa, dada nuestra cultura, les siguen los senos. "Los senos también son curvos y sensuales, como el trasero", dice Mike, de 23 años. "Son blandos y firmes, diferentes en cada una de las mujeres y, además, son una zona erógena. Por lo general, puedes ver gran parte de ellos (por los escotes) pero no en su totalidad, y esto enloquece nuestra imaginación".

Algunos hombres escogieron los hombros. "Yo mencioné los hombros porque adoro las líneas femeninas que inician en el cuello, siguen hacia abajo por la espalda y atraviesan los hombros", dice Paul. "Además, a diferencia de las nalgas, el busto y otras partes del cuerpo, los hombros siempre están allí 'a la vista' para ser apreciados, tocados y besados".

Otros hombres apuntaron hacia los genitales: "Creo que cualquiera que haya descendido por una mujer y lo disfrute, sabe por qué los hombres se encaprichan tanto con esta área femenina", dice Patrick, músico, de 41 años. "El olor, la textura, el sabor, la manera en que se hincha y se humedece cuando es tocado y la propietaria lo disfruta. Ahhh, la humedad".

Y algunos otros se negaron a escoger una sola parte del cuerpo. ¡Solo una! protestó un muchacho, "¡están bromeando!". Estos hombres observan la totalidad femenina, o ciertas áreas generales. "Es asunto de considerar la totalidad del paquete", dice

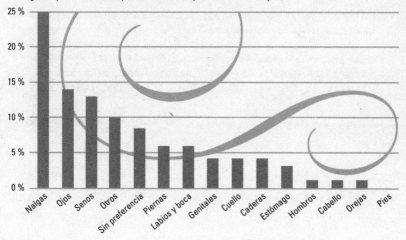

¿Qué parte del cuerpo femenino te parece más sexy?

Pete, mientras que T. J. comenta que se siente atraído por "su cara, su cuello y su cabello juntos".

Hay algunos hombres que encuentran a diferentes mujeres muy sensuales por razones también distintas, mientras que existen quienes son más específicos. Por ejemplo, Xavier, ingeniero, de 40 años, dijo que los muslos desnudos lo atraían hacia las piernas de la mujer.

Vestida para seducir

Si deseas que él se interese por ti, ¿cuál es la prenda más sensual que debes vestir? Las respuestas de los hombres incluyen una amplia gama de atuendos:

✱ El 2 % dijo que le gustaban los vestidos "sensuales como para ir al club".

Sin importar las prendas que utilices, no te olvides del sentido del olfato. Nuestros ojos pueden percibir hasta 256 niveles de luz, nuestros oídos pueden escuchar hasta 25 kilohertz, y nuestras pupilas gustativas captar cuatro sabores diferentes. Pero nuestro sentido del olfato puede identificar más de 30 000 químicos diferentes. El sentido del olfato se relaciona con mayor fuerza a la memoria y a las respuestas de las feromonas. Es tu arma más poderosa, úsala.

■ ■ ■ ■ ■

* Al 14 % le gustan las prendas casuales como los bluyines y las camisetas.

* Al 14 % lo excita la lencería extravagante, como sostenes, calzones y tangas de encaje.

* Al 13 % le encanta cuando utilizas vestidos elegantes de tipo coctel o de noche.

* ¡El 11 % simplemente desea verte desnuda!

Sin embargo, gran número de hombres tienen sus propias ideas acerca del tipo de prendas que hacen ver sensual a una mujer, que oscilan desde camisas sin mangas hasta vestidos casuales para días soleados. Los bluyines son muy comunes: "Camiseta blanca sin mangas, bluyines, pies descalzos, ¡oh Dios!", dice Andy efusivamente, mientras que Patrick, profesional en mercadeo, de 41 años, se inclina por "los bluyines ajustados, camiseta corta estrecha y una cachucha de béisbol".

Mientras que algunos hombres no son melindrosos ("todo lo anterior", dice Brian, empresario, de 37 años):

* "Casual, con sastre, como normalmente las veo en las reuniones".
–Malcolm, 34 años, gerente.

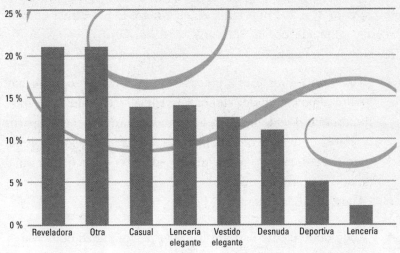

¿Cuál es la prenda más sensual que la mujer puede utilizar para seducirte?

* "¡Todas las anteriores! Además del sastre para las mujeres". –Patrick, 40 años, escritor.

* "Atuendos profesionales (falda, blusa, etc.)". –Richard, 35 años, profesor.

No obstante, para otros hombres lo "sensual" se refiere a aquello con lo que te sientas más cómoda. "Lo que sea que revele su verdadera esencia", dice George, de 48 años. "Cualquier prenda con la cual pueda demostrar confianza en sí misma", dice Dave, ejecutivo, de 41 años. Por esto, si los pantalones ajustados y las camisetas reveladoras no te convencen, no te preocupes. Si te sientes sensual con lo que utilizas, funcionará.

Y, ¿en la mañana te respetará?

¿Cuánto tiempo tarda un hombre en desear llevarte a la cama después de saber que lo atraes? La respuesta te sorprenderá. Para la mayoría de los hombres depende de una gran variedad de factores, pero el más importante es este ingrediente difícil de conseguir, conocido como "química". Los hombres de nuestra encuesta fueron exigentes con respecto a su importancia.

* "Puedo encontrar a una chica muy atractiva, pero si no hay 'química' no me interesa tener sexo con ella. La química es muy importante porque no la podemos controlar; se genera a partir de nuestro nivel de confidencia, de nuestra atracción genuina y de nuestro respeto por la mujer. Además es una buena señal de que la relación durará".
–Andy, 45 años, electricista.

* "¡Todo depende de la química! Si la personalidad de la mujer es monótona, molesta o poco delicada no importa lo que se ponga o cómo se vea". –Patrick, 40 años, escritor.

* "La química y otros factores desempeñan un rol muy importante por razones que en realidad no entiendo. En ocasiones siento un deseo sexual urgente e inmediato; otras veces tardo cierto tiempo en desarrollar un poco de atracción". –George, 50 años, abogado.

* "Las cosas en la habitación, incluso la primera vez, son mucho más agradables cuando sientes cierto nivel de confianza con la otra persona. Varias cenas casuales, correspondencia por correo electrónico que va y viene, un par de llamadas telefónicas: todo esto ocurre rápidamente y le da cierta idea a ambas personas de la existencia de interés y atracción mutua para pasar al campo sexual. Todo esto puede ocurrir en menos de una semana o puede tardar varias". –Patrick, 41 años, profesional en mercadeo.

* "Si ella es tan fastidiosa, insensible o malintencionada que no la soporto, no lo intentaré, ni siquiera una sola vez. Si es al-

guien con quien siento una conexión inmediata y recíproca,
no me preocuparé por sellar el trato inmediatamente porque
con seguridad la veré nuevamente".
–Nigel, 31 años, científico.

* "Debe haber muy buena química para poder desarrollar una
  muy buena relación. Pienso en esto antes de involucrarme".
  –Peter, 58 años, enfermero.

* "La química es como la puerta de entrada hacia otros aspectos de la relación. La sexualidad es simplemente un conducto de la comunicación. Muy pocos hombres en realidad
  desean ser estrellas porno. Puede ser que deseen ir a la
  cama, pero la mayoría espera que ciertos aspectos de su
  relación con una mujer tengan una llamarada sexual. Para
  que la llamarada no se apague, se requiere de química".
  –Malcolm, 34 años, gerente.

Algunos hombres son muy sinceros al indicar su deseo de con-
sumar la relación rápidamente. "Si siento cierto interés en ella,
desearé llevarla a la cama lo más pronto posible", dijo un hombre.
Rob, vendedor, de 36 años, está de acuerdo: "Creo que es un afán
hormonal común desear llevar a la cama a una mujer atractiva".

Pero otros desean esperar y admiten que, aunque exista el
deseo de dormir contigo, no se sienten obligados a llevarte a la
cama con tanto afán. "El sentimiento podrá ser inmediato, pero
la acción podrá llegar posteriormente", dice George, consultor de
mercadeo, de 48 años.

Paul, de 29 años, agrega: "En ocasiones esto es puramente
sexual y, simplemente, deseas desnudarla lo más pronto posible.
Otras veces deseas tomar las cosas con más calma: tener tu tiempo para conocerla, disfrutar de la predicción de lo que ocurrirá,
y tal vez no desear ir tan rápido por el miedo a estropearlo todo.
¡Un poco de cortejo y citas a la antigua no tienen nada de malo!".

Después de conocer a una mujer que te atrae, ¿cuán rápido deseas llevarla a la cama?

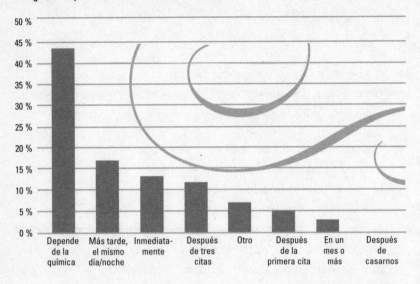

Y, contrariamente a lo que todos creemos, muchos hombres desean posponer la acción porque quieren conocerte mejor. "Deseo esperar a conocerla y sentirme muy bien con ella", dice David, repitiendo los sentimientos de muchos hombres que respondieron nuestra encuesta.

La última línea

Finalmente, cualquier consejo de seducción también tiene una excepción a la regla: todos los hombres son diferentes. Obviamente, nuestra encuesta indica algunos patrones generales, pero recuerda que lo que funciona con un hombre puede no servir con otro, lo cual es buen argumento para conocer a un hombre antes de intentar algo con él. Sé tú misma y déjale saber con tu mirada, con un comentario o con un pequeño roce que estás interesada y no te equivocarás.

ÉL DICE

No seamos ingenuos: cuando un hombre dice que desea conocerte mejor, significa que desea tener sexo contigo. ¡Pero esto no es malo! Para nosotros, el sexo es una forma de conocer mejor a una mujer. Los dos se exponen, literalmente, y a través de la mecánica del acto se descubre cierta intimidad que no existía antes. ¿Cuántas veces has confesado a tu hombre un secreto sucio u oscuro mientras están en la cama? Para nosotros, el sexo es simplemente una forma de dejar la estupidez de lado y conocer a alguien en un plano totalmente diferente.

■ ■ ■ ■ ■

"Los juegos preliminares deben ser alegres, divertidos y tardar cierto tiempo. La expectativa que generan es lo más entretenido".

—Bob, 28 años, ingeniero

CAPÍTULO TRES

Los juegos preliminares favoritos

Si lo que se busca es obtener sexo apasionado, "bajo y sucio", del tipo "necesito poseerte ahora", durante el cual se atacan uno a otro como micos alocados, hay mucho por hacer. Las parejas inteligentes saben que los juegos preliminares pueden dejar a ambas partes en un estado de expectativa salvaje que transforma el buen sexo en un acto de amor fuera de este mundo. Es una realidad, no todas las mujeres pueden pasar de cero a sesenta en diez segundos; la mayoría necesitan un poco de calentamiento antes de poder iniciar la acción. Tal como se lo dijo a Cynthia una de sus amigas más expresivas: "¡Debes calentar la sartén antes de poner la carne en ella!".

Muchas mujeres se quejan de que sus parejas no tienen la paciencia necesaria para llevarlas hacia donde ellas necesitan ir. Buenas noticias: nuestra encuesta reveló que este caso no es único. Según lo indicaron los resultados, a los hombres les encanta todo aquello que antecede al acto principal. Les preguntamos qué era aquello que más los excitaba y aquello que mataba su pasión incluso antes de estar en la habitación. Además, nos contaron el tipo de beso que más les gusta, su zona erógena no genital más sensible y el tipo de caricias en aquellas partes inferiores que más los excitan. Lee y te enterarás de lo que dijeron.

Qué quisieran los hombres que las mujeres supieran de los juegos preliminares

A la mayoría les gustan, de modo que irelájate y correspóndele!

Acá encontrarás la verdad acerca de los hombres y los juegos preliminares —directo de la fuente—. Primero, no te sientas culpable si requieres de cierto tiempo para lograr la excitación máxima. Esto es fisiológicamente necesario. Además, encontramos que la mayoría de los hombres encuestados disfrutan del tiempo que pasan excitándote. Les encanta saborear el evento por completo antes de aventurarse hacia la meta.

"Para nosotros esto no es una tarea, nos gusta hacer todo aquello que te excita", dice Nigel, científico, de 31 años, resumiendo un sentimiento expresado por muchos de los hombres que respondieron la encuesta. De modo que relájate y deléitate con la sensación, porque esto es lo que él desea. "Disfrútalo", dice Luke, estudiante, de 32 años. ¡Y hazle saber que lo estás disfrutando! "La actitud de 'terminemos rápido con esto' lo mata todo", señala Greg, ingeniero, de 35 años.

Y no te distraigas preocupándote por "devolver" de inmediato lo que estás recibiendo. Tal como reveló la encuesta, a los hombres les encanta dar (¡y dar y dar!). Boris, director creativo, de 43 años, señaló que "no siempre la mujer debe corresponder, es muy agradable que se relaje y exprese placer sin pensar en tener que retribuir lo que está sintiendo".

Sin embargo, eso no significa que cuando sea el turno del hombre puedas evitar la parte del "calentamiento". Aquellos hombres a quienes escuchamos, les encanta dar y recibir.

* "A los hombres también les encantan los juegos preliminares. Ambos sabemos en qué acabarán, por tanto, tomémonos nuestro tiempo". –Patrick, 41 años, profesional en mercadeo.

* "A mí también me gusta que me toquen y me besen en todas partes". –Patrick, 40 años, escritor.

* "Me gustaría que las mujeres supieran que aquello que piensan de los hombres es pura basura. A los hombres les gustan los juegos preliminares, pero deben ser mutuos". –T. J., 42 años, músico.

* "No tengas miedo de ser creativa ni de tomar la iniciativa. Los juegos preliminares son agradables". –Mike, 23 años, estudiante y empleado de restaurante.

* "Nos gusta esa película tanto como a ustedes, en cuanto sepamos que va a tener un final feliz".
–Simón, 36 años, programador.

Sí, hubo algunos hombres en nuestra encuesta que consideraron los juegos preliminares como "sobrevalorados" y afirmaron que los hombres no siempre los necesitan, pero la mayoría sí.

Entonces, no te preocupes en caso de no avanzar directamente hacia el acto sexual. Puedes estar involucrada en charlas sexuales durante la cena o besando cada centímetro de su cuerpo y aún así habrá muy buenas probabilidades de que él esté disfrutando cada uno de estos segundos. "Tómate tu tiempo", aconseja Pete, vendedor, de 42 años.

Los juegos preliminares pueden iniciar antes de tener contacto físico

Antes de ir mucho más lejos, demos un paso hacia atrás. ¿Cómo se definen exactamente los juegos preliminares? El *American Heritage Dictionary* los define como la "estimulación sexual precedente al acto sexual". Pero el diccionario no nos indica en qué parte, cuándo y cómo puede ocurrir tal estímulo, y es hora de decirlo: no necesariamente ocurre con la ropa puesta. De hecho, "inicia mucho antes de lo que las mujeres piensan", declara Gene, escritor, de 64 años.

Scott, estudiante universitario, de 29 años, lo anuncia así: "No necesariamente los juegos preliminares inician en la habitación. Un baile muy sexy en el club, una caricia juguetona durante la obra de teatro, una mirada seductora en el restaurante pueden ser acciones muy efectivas para abrir camino hacia el acto sexual".

Digámoslo de este modo: el flirteo poco inocente te pone a volar la mente, a imaginar lo que puedes obtener. "En ocasiones necesitamos un poco de provocación", dice Jordan, profesional en mercadeo, de 45 años. "Los mejores juegos preliminares inician horas antes del acto real y se hacen cada vez más intensos en cuanto se acerca la noche".

Entonces, no neguemos el poder de la imaginación. Unas pocas palabras muy bien dichas pueden encender el fuego en ambos: "Los mejores juegos preliminares son siempre conversaciones sucias", nos dice Bruce, planeador financiero, de 31 años; mientras que Xavier, de 40, les aconseja a las mujeres seducir a los hombres con "los ojos".

¿Quieres más ideas? Vuelve al capítulo anterior, "Secretos de seducción", en la página 15, y en él encontrarás cómo crear un clima apropiado para los dos. No creas que necesitas de técnicas muy elaboradas, pues en ocasiones lo único que se requiere es un beso prolongado y profundo, lo cual seguro nos lleva a nuestro siguiente consejo.

TIP #3. **Un beso no es solo un beso**

Aquí hay algo más que los hombres desean que sepas acerca de los juegos preliminares: debes besar muy bien. "Besar es clave", dice William, gerente de desarrollo de negocios, de 39 años. "Persiste con besos suaves y sensuales durante cierto tiempo de modo que los ánimos alcancen cierto nivel. Los besos revelan todo lo que eres en la cama. Si la mujer besa mal probablemente también es mala en la cama".

TIP #4. **Habla de lo que necesitas**

Él no fue el único hombre que se enfocó en el poder de un buen beso. "Los besos son lo mejor", dice Joe, consultor, de 59 años, resumiendo una emoción expresada por muchos hombres. ¿Quieres asegurarte de que los juegos preliminares te dejen lista para la acción? Bueno, pues, ¡dilo! No esperes a que él te lea la mente. "Debes ser más expresiva", suplica Sam, músico, de 52 años. Richard, profesor, de 35 años, agrega: "Es aconsejable enseñar de manera agradable a aquellos hombres que no saben lo que hacen, y decirles lo que deben hacer".

Es tan fácil cómo indicarle a tu pareja que necesitas un poco de calentamiento. Recuerda, él es muy diferente a ti. "Los hombres deben aprender cuán importante son los juegos preliminares para ti", aconseja Claude, músico, de 34 años. "La mayoría no los necesita como tú los necesitas. Estamos conectados y listos con la simple 'caída del sombrero '".

 En ocasiones es correcto ir directo al punto

Acá encontramos otro factor importante acerca de los juegos preliminares: el sexo también funciona si los evitas. Tal como dijimos, no tiene nada de malo el sexo de los "monos borrachos" que se desnudan rompiendo su ropa entre sí. Tu hombre y tú podrán, simplemente, no tener tiempo ni deseo de dedicarse al seductor juego preliminar por horas. Ben, arquitecto, de 40 años, afirma: "¡En ocasiones es maravilloso evitar los juegos preliminares y simplemente ir por aquello!". (Apostaríamos que si llegas al punto en el cual simplemente debes poseer al otro inmediatamente es porque los juegos preliminares mentales han venido ocurriendo por cierto tiempo).

En el sexo, solo tienes que calcular de qué humor está tu pareja. "Hay que ser sensible", sugiere Sam, consultor de negocios, de 46 años. "En ocasiones, varias horas de juegos preliminares pueden ser maravillosas; pero, otras veces, un 'golpecito de cinco minutos' es perfecto. No hay una fórmula exacta".

En términos zen: hay que estar en el momento. Y asegúrate de que él sepa que te sientes bien con el rapidito ocasional, que de hecho te gusta. "Las reglas comunes de reciprocidad dicen que debemos pagar por adelantado y después disfrutar lo que viene", dice Álex, gerente, de 32 años. "No siempre debe ser así".

TIP #6: **Tómate tu tiempo**

¿Y qué podríamos decir de aquellos momentos cuando tenemos todo el tiempo del mundo? Debes saber que algunos hombres adoran las largas sesiones en las que se hace el amor con calma. "Haz que los juegos preliminares duren el mayor tiempo posible.", aconseja P. B., cazatalentos corporativo, de 51 años.

TIP #6A: **Un hombre no es solo su miembro**

"No es solo una carrera, es una maratón (bueno, es tal vez media maratón)", agrega Rob, ingeniero, de 28 años. "Los juegos preliminares no son rápidos; deben ser divertidos, agradables y tomar cierto tiempo. La expectativa los hace entretenidos".

Los encuestados desean que sepas que, aunque se saborean con la idea de una amante entusiasta, ellos esperan delicadeza tanto como tú. No te sumerjas simplemente en las partes más bajas de tu compañero creyendo que eso es suficiente (aunque algunas veces lo es).

"A los hombres también les gusta que los toquen", dice Marcus, gerente general, de 47 años. "Utiliza tus manos sobre todo nuestro cuerpo, no solamente sobre nuestros genitales. Encuentra nuestras zonas erógenas".

De hecho, aunque esto lo dijimos en el capítulo dos, vale la pena repetirlo: un hombre no es solo su pene. "No siempre la estimulación directa es buena", dice Robert, abogado, de 39 años. "Si en realidad tienes ganas, no cojas mi pene como si fuera un tipo de interruptor que me enciende y me apaga".

Lo mismo nos dice Ted, gerente de logística, de 44 años. "Por favor, no esperes que mi pene crezca inmediatamente al recibir atención. Tócame por todas partes".

Ron, estudiante graduado, de 29 años, lo dice sin rodeos: "No pases demasiado tiempo girando la varilla, pues la vas a necesitar más tarde". De hecho, "¡frotarlo demasiado puede lastimar!", dice Steve, estudiante, de 27 años.

Esto no quiere decir que debes ignorar el miembro de tu pareja por completo. "La estimulación del pene durante los juegos preliminares prolonga e intensifica el acto sexual para ambas partes", comenta J. B., ingeniero de *software*, de 50 años. "Las mujeres deben sentirse cómodas sosteniendo, acariciando y besando el pene del hombre. No se trata de llevarlo al orgasmo; se trata de que, estimulando a los hombres, las mujeres sientan el mismo placer que ellas sienten cuando ellos las estimulan".

Y con respecto a manipular las joyas de la familia, la mayoría de quienes contestaron recordaron a las mujeres hacerlo con cuidado: "No olvides utilizar algún tipo de loción o aceite mientras frotas nuestros genitales", dice Randy, profesor, de 45 años.

¿Qué tipo de juegos preliminares excita más a los hombres?

Captaste el punto: a los hombres les encantan los juegos preliminares. Pero, ¿de qué tipo? Las respuestas que obtuvimos fueron tan variadas como los hombres que contestaron; aunque las podemos clasificar en algunas categorías generales.

Tip #1: A los hombres les gustan los juegos preliminares mentales

Probablemente, has escuchado el dicho "el 99 % del sexo entra por los oídos"; y, cuando lo hace, genera juegos preliminares mentales. Harás funcionar su imaginación si lo haces mucho antes de entrar a la habitación. Entonces, ¿qué juegos mentales sexuales excitan a los hombres?

* "Conversaciones provocativas". –Oliver, 42 años, educador.

* "Cuando la mujer me dice que ella desea tomar la iniciativa". –Bruce, 31 años, planeador financiero.

ÉL DICE

Te doy una idea: pide a tu compañero que te cuente qué fue lo último que hiciste que lo dejó completamente excitado y alterado. Te sorprenderás con la respuesta. Puede ser tan sencilla como la vez que te pusiste para la fiesta una camiseta blanca con bluyines. O, tal vez, cuando pudo ver tus muslos gracias a esa sexy minifalda que usabas. Toma nota cuidadosamente, y, la próxima vez que puedas, hazlo nuevamente. Espera a ver si la masa vuelve a crecer.

■ ■ ■ ■ ■

* "Charla sexual". –Robert, 39 años, abogado.

* "Decirme cuán mojada está". –Morgan, 27 años, analista financiero.

* "Ver películas pornográficas juntos". –Pete, 42 años, vendedor.

* "Cuando la mujer lo expresa verbalmente y es honesta". –Jack, 52 años, diseñador gráfico.

* "Observar activamente sus senos". –George, 48 años, consultor de mercadeo.

* "Provocaciones públicas de ambas partes durante horas". –Jordan, 45 años, profesional en mercadeo.

* "Los juegos preliminares que inician antes de llegar a la habitación: en el auto o de vuelta de un espectáculo, como tocarse, acariciarse, hablar sucio".
–Bob, 28 años, ingeniero.

En ocasiones, los juegos mentales preliminares no son tan verbales como visuales. "Los juegos preliminares que me excitan ocurren cuando la mujer se delata caminando, moviéndose, bailando y haciendo contacto visual", dice Serge, de 27 años.

 Continúa besándolo Corriendo el riesgo de parecer un disco rayado, lo diremos de nuevo: si aprendes a besar bien habrás aprendido el buen arte de los juegos preliminares. A los hombres les encanta besar, y no solo en los labios. Cuando les preguntamos qué juegos preliminares los excitan más, hombre tras hombre citaron "los besos apasionados" y los "besos lentos en todas partes del cuerpo".

"No hay nada mejor que besar apasionadamente a la mujer que amo abrazando completamente su cuerpo y permitiendo que mi mano vague por aquel lugar en donde sus piernas y sus nalgas se encuentran", dice J. B., 50. Ben, de 40, agrega: "Me gustan los juegos preliminares con muchos besos y caricias mientras quito lentamente sus prendas y beso cada centímetro de su cuerpo. ¡Quiero que se sienta tan provocada que termine rogándome para que la posea!".

En contraste, los besos malos y "babosos" son "mortales", dijeron hombres como Allen, productor de películas, de 35 años. ¡Aprende a besar!

 Intenta tocarlo eróticamente y llegar a lo más profundo de su piel Tienes su boca, tienes su miembro, pero también hay una gran cantidad de "bienes inmuebles" entre una y otra parte y alrededor de estas. Piensa que la totalidad de su cuerpo es una gran zona erógena. Después de todo, nuestro órgano más grande es, en realidad, nuestra piel. Acá presentamos la acción física que deja a nuestros encuestados listos para la acción:

* "Un buen masaje corporal completo". –Scott, 29 años, estudiante.

* "Morder mis tetillas". –Malcolm, 34 años, gerente.

* "El contacto intermitente en ocasiones fuerte, en otras ocasiones suave, dependiendo de cómo nos sintamos. Esto nos produce gran ansiedad". –Sam, 46 años, consultor de negocios.

ÉL DICE

Intenta esto: desliza muy suavemente un dedo por la parte trasera de su cuello, o pasa tu mano por la parte inferior de su espalda y observa su reacción. Estos dos puntos son dos de sus zonas erógenas más ignoradas.

■ ■ ■ ■ ■

* "Movimientos de cadera juguetones". –Xavier, 40 años, ingeniero.

* "Manoseo intenso y gemidos". –Walt, 27 años, gerente de mercadeo.

* "Contacto suave y lento. Los labios hacia el pecho o la mano hacia la cadera, incluso cuando aún estamos vestidos". –Simon, 36 años, programador.

* "Tocarnos mutuamente por todas partes, y luego continuar tocándonos y acariciándonos, especialmente en el cuello. Me gusta sentir un poco de tortura dulce, con la cantidad justa de comunicación (verbal o similar) que pueda eventualmente llevarnos a alcanzar la felicidad máxima". –Ted, 44 años, gerente de logística.

* "Las caricias suaves y lentas". –George, 50 años, abogado.

* "Tocarme (en cualquier parte) mientras sonríes". –Álex, 32 años, gerente.

✳ "Lamer las orejas, tetillas, acariciar el cabello, oprimir las nalgas y, obviamente, las partes más privadas que se encuentran entre las piernas". –Chris, 34 años, ingeniero de *software*.

✳ "Me encanta que nos abracemos, hablándonos suavemente el uno al otro mientras nuestras manos exploran suavemente nuestros cuerpos". –J. B., 50 años, ingeniero de *software*.

Ten en cuenta que las caricias sexuales deben ser sensuales. No deben lastimar (a menos que eso sea lo que le guste). "Para mí, las caricias muy fuertes o los juegos en áreas previamente prohibidas me alejan completamente de la sensualidad", dice Jordan, de 45 años. "Y cuando me desconcentro, pierdo el interés".

TIP #4. Para los hombres el sexo oral está incluido entre los juegos preliminares

Cuando algunos hombres escuchan las palabras "juegos preliminares" piensan, inmediatamente, en sexo oral (dar y recibir). Sin embargo, al menos uno de nuestros coautores nos recordó que el sexo oral es mucho más que un juego preliminar. Puede ser un fin como parte de los juegos o por sí solo, especialmente cuando conduce al clímax al receptor de la acción. Observa lo que algunos de nuestros encuestados contestaron cuando les preguntamos por el juego preliminar que más les excitaba:

✳ "69. Simple y puro, no hay nada más sexual". –William, 39 años, gerente de desarrollo de negocios.

✳ "La estimulación oral de ella; en cuanto ella la disfrute —obviamente— me excita tanto como cuando ella me la hace". –T. J., 42 años, músico.

✳ "Hacerle a ella sexo oral". –Robb, 59 años, científico.

* "¡Chupármela!". –Richard, 35 años, ingeniero.

* "Los juegos orales". –Allen, 35 años, productor de películas.

Describiremos las características de los juegos que puedes realizar con la boca en el siguiente capítulo. Sin embargo, recuerda que muchos hombres consideran la acción oral como preludio al gran evento.

 Algunos hombres no son quisquillosos

Y, obviamente, encontramos a aquellos que no son caprichosos cuando se trata de los juegos preliminares. Estos hombres no requieren de alguna técnica específica (a menos que requieran de "todo lo anterior") . Cuando les preguntamos qué tipo de juegos preliminares los excitan más, esto fue lo que nos contestaron:

* "Cualquiera". –Brian, 37 años, empresario.

* "Es muy difícil escoger uno que sea el favorito. La variedad es mejor". –Mike, 23 años, estudiante y empleado de restaurante.

* "Observar porno. Caricias duraderas. Cuando ella baila para mí. ¡Besos!".
–Rob, 45 años, consultor independiente.

* "Disfruto brindándole placer a una mujer, y eso me excita". –Pete, 51 años, artista.

* "Sus manos sobre mi cuerpo, las caricias por todas partes, los besos genitales y la conversación sensual". –Marcus, 43 años, director creativo.

* "Cuando ella me permite desvestirla y nos involucramos en una lucha sexual". –Boris, 43 años, director creativo.

* "Cualquier cosa que la haga suspirar o expresar su estado de éxtasis". –Richard, 35 años, profesor.

De hecho, cualquier tipo de actividad física vigorosa puede ser preludio para el sexo. Incluso, uno de nuestros encuestados mencionó la esgrima como su juego preliminar favorito. "Nos enciende a los dos, tal como ocurre en general con cualquier tipo de juego y combate que termina en besos ardientes", dice Patrick, escritor, de 40 años. ¿Hay alguien interesado en el *rugby*?

Juegos preliminares que se deben evitar

Si lo que intentas es dejar a tu hombre listo para la acción, ¿qué es aquello que no debes hacer? Acá presentamos los consejos de nuestros encuestados.

Tip #1: Deja a un lado la mala actitud

¿Crees que a los hombres les fascina una mujer de comportamiento distanciado y arrogante? No, una actitud negativa es solo una manera de enfriar sus motores, sin importar lo provocativa que te veas con tu sensual atuendo.

"Dentro de los límites razonables, no existe ningún aspecto físico que acabe con mi pasión", dice Simón, de 36 años. "Pero la actitud puede ser fatal, como cuando ella está de mal genio o molesta (no necesariamente conmigo), o, simplemente, cuando no está de humor para juegos".

Tratar mal a las demás personas también está entre aquellas actitudes que matan el deseo: "Odio cuando las mujeres son rudas o se portan mal con los demás creyendo que esto llama nuestra atención", dice Brian, productor de películas, de 29 años. "¡Entonces, pórtate bien con el mesero!".

Otros "matapasiones" sexuales:

* "Cuando ella no sabe cómo responder a las bromas sexuales". –William, 39 años, profesional en desarrollo de negocios.

* "Otorgándome su silencio". –Kelly, 27 años, estudiante graduado.

* "Es absolutamente molesto cuando se aplica una y otra vez el maquillaje (aunque esto es muy difícil de calificar en situaciones específicas), o juega con los estados de ánimo (como, por ejemplo, hacerse la fría y luego la excitada o sentirse fácil y repentinamente ofendida por ciertos detalles en vez de, simplemente, decir 'no')". –Nigel, 31 años, científico.

* "Aburrimiento, incluso cuando es fingido". –Gene, 64 años, escritor.

* "Fumar, revisar el celular...". –Ted, 44 años, gerente de logística.

* "Los conflictos y desacuerdos constantes". –Dave, 41 años, ejecutivo.

* "La mala actitud, portarse grosera o ser demasiado exigente". –George, 50 años, abogado.

Corriendo el riesgo de decirte lo que ya es obvio, tener muy buena actitud es especialmente importante cuando has llegado a la habitación. No se puede disfrutar a un amante desinteresado. "No me gusta que haya afán por llegar a la habitación, ni sentir que ella considera el sexo como algo obligatorio", dice Robert, abogado, de 39 años. Philip, consultor, de 45 años, agrega: "Definitivamente, mi pasión se apaga cuando ella no está de ambiente".

 Limpieza, la clave Por tanto, si no tienes ganas de entrar en ambiente hoy, es mejor ser honesta (y contarle que no es su culpa). Hay enormes posibilidades de que se dé cuenta si simplemente improvisas los movimientos, y lo desanimas con esto.

Varios hombres consideraron la mala higiene como el número uno de los "matapasiones". Ellos adoran los olores naturales de las mujeres, como el olor a limpio de "tomo-una-ducha-a-diario" pero no el de "llevo-tres-semanas-escalando-una-montaña". Patrick, profesional en mercadeo, de 41 años, nos suministra más detalles: "Me encanta descender sobre la mujer, pero si me dice poco antes de entrar a la habitación que hoy no se ha duchado la evito".

ÉL DICE

A los hombres nos encanta mirar a las supermodelos de Victoria´s Secret, pero la mayoría de nosotros no queremos salir con ellas. Recuerda la antigua broma que dice: ¡Por cada modelo que hay allí afuera, hay un hombre cansado de aguantarla"! Lo mismo ocurre aquí: no hay nada más sensual que una actitud adecuada. Entonces, deja esas maneras de chica fatal, y baja un poco la cabeza. Te prometo que te divertirás.

■ ■ ■ ■ ■

Esto no significa que debes oler a cosméticos de Macy's. Un hombre expresó consternación por las mujeres que se empapan con "demasiados productos, como perfumes muy fuertes; loción aerosol para el cabello; maquillaje; olores químicos, florales y artificiales (y sentimientos)".

También deberás mantenerte alejada de las cenas sobrecargadas de ajo. Pero, si insistes, asegúrate de cepillarte los dientes; varios hombres mencionaron el mal aliento como un "mata pasiones" definitivo. Debes también reconsiderar tus hábitos de fumadora, pues muchos dijeron que no les parecía nada atractivo besar a un cenicero. Otros hombres también se refirieron a las "charlas de baño" como "matapasiones"; por tanto, deja esas conversaciones acerca de tu máquina de rasurar y tus hábitos escatológicos para cuando ya se conozcan un poco mejor. (Renuncia de responsabilidad: Cynthia acaba de recordar que se sintió realmente interesada por Nima cuando fue llevado a la sala de urgencias por causa de una obstrucción intestinal poco después de conocerlo. Pero, generar una relación debido a una conversación acerca de lo que ocurre con el tracto intestinal inferior en la cama del hospital donde reposa tu amado es muy diferente a contar en la primera cita que tus intestinos están completamente atascados). Aquí es donde nos confundimos. Sí, a los hombres les encanta cuando tú tomas la iniciativa, pero no les gusta cuando los atacas cual marinero borracho sobre la playa después de haber pasado seis meses en altamar. Una y otra vez, los hombres mencionaron la agresión directa y sin tacto como el rasgo que los hace buscar afanosamente la puerta. "Me desanima cuando una mujer está demasiado borracha y es muy directa".

 Disfraza tus intenciones un poco

"Ataques inesperados como agarrar mi entrepierna con fuerza o tratar de introducir su lengua por mi garganta no funcionan para mí", dice Marcus, gerente general, de 47 años. Pete, artista, de 51 años, comenta: "Me gustan las mujeres de sexualidad abierta y saludable, pero cuando son demasiado desatadas mi pasión se anula".

Si estás captando la idea de que hay una línea muy fina entre "apasionada" y "agresiva" es porque tal vez la haya. Es en ese momento cuando debes ser muy sensible y receptiva al lenguaje corporal de tu amante.

 Por otro lado, también existe el pudor

Todos nuestros encuestados se mueren por tener una amante abierta, entusiasta, creativa y que se sienta muy bien con su cuerpo. Los complejos y la mojigatería asesinan la libido, dijeron. "En realidad, el juego se acaba cuando la mujer empieza a ponerse la ropa durante el sexo simplemente porque es pudorosa o como quieras llamarlo", dice Mike, estudiante y empleado de restaurante, de 23 años.

"El sexo debe ser impulsivo y desinhibido", comenta Boris, de 43 años. "Mi pasión se apaga cuando ella es demasiado ordenada, acicalada o quisquillosa por mantener la cama bien tendida y sin arrugas". "No me excitan las mujeres que solamente se sienten bien en la alcoba", dice Ben, arquitecto, de 40 años. "¿Qué tiene de malo el sofá, la mesa de la cocina, la ducha o afuera de tu casa en cualquier lugar donde te puedan pillar?".

 Evita las conversaciones que distraen

No eres buena amante solo por la forma como uses tu boca; también lo eres por lo que sale de ella, dicen nuestros encuestados. Primero, intenta minimizar las quejas y la negatividad. "Me inhibo cuando ella está quejándose continuamente de su trabajo o de sus condiciones de vida o de cualquier cosa en general que no tenga nada que ver con la seducción, el amor o el sexo", dice T. J., músico, de 42 años.

Las charlas estresantes o que generan división de opiniones también matan la pasión, dicen algunos hombres como Álex, gerente, de 32 años. En otras palabras, a pesar de todas las bromas que has escuchado acerca del sexo después de una pelea, varios hombres piensan que el conflicto incrementa su malestar.

También debes evitar los comentarios negativos acerca de tu propia imagen si deseas ponerte romántica. "Este no es momento de mostrar tu timidez o empezar a decirnos cuán fea y gorda estás", aconseja Patrick, escritor, de 40 años.

Otros temas de conversación que debes evitar son estos:

✱ "Hablar de lo que ocurrirá al día siguiente". –Ted, 27 años, asistente de producción.

* "Los chistes malos". –Morgan, 27 años, analista financiero.

* "Hablar de las experiencias sexuales previas". –Rob, 45 años, consultor independiente.

* "Distracciones; acabar con el momento por hacer tareas como lavar la ropa". –Joe, 59 años, consultor.

* "En el primer encuentro, la palabra "tirar". –Serge, 27 años, estudiante.

* "Decir groserías. Excepto cuando sea una producción espontánea cercana al orgasmo. Las malas palabras siempre me han parecido muy artificiales". –Ned, 48 años, abogado retirado.

 No existe nada que no puedas hacer TIP #6 También tenemos el grupo de hombres a quienes nada les afecta. "¡Si estoy excitado, nada lo evitará!", exclama Paul, estudiante graduado, de 29 años. Los hombres de este grupo son probablemente una gran excepción; en nuestra encuesta no los encontramos.

El arte de besar

Si aprendiste algo en este capítulo, esperamos que haya sido que besar bien te garantiza el triunfo en los juegos preliminares. Pero, ¿qué tipo de besos encantan y excitan a los hombres? Bien, nuestra encuesta indica que, cuando se trata de los besos, es su variedad lo que añade cierto condimento a la situación: casi la mitad de los encuestados nos contó que todo tipo de besos los excita, ya sean profundos y provocativos o dulcemente suaves.

Algunos hombres fueron más específicos con respecto a su técnica de besar preferida: "Me gustan los besos decididos que involucran la lengua y cierto grado de presión, pero que no son demasiados húmedos", dice Andy, electricista, de 45 años. Boris, de 43 años, aconseja: "Empieza con besos cortos y dulces hasta llegar a todos los anteriores". A Jordan, de 45 años, le encantan los besos que son "suaves y juguetones al principio y se tornan sensuales y profundos posteriormente".

Y, finalmente, encontramos a aquellos hombres para quienes los besos son un deporte para practicar en equipo. "¿Qué tipo de beso me gusta? Aquellos que la excitan", exclama Dave, ejecutivo, de 41 años. ¡Ante estos solo resta decir: amén!

Sus zonas erógenas

¿En dónde centrarás tus esfuerzos de los juegos preliminares mientras el hombre está aún vestido (o más o menos vestido)? Los hombres a los cuales encuestamos mencionaron la boca y el cuello (particularmente la parte de la nuca) como la zona erótica no genital más ardiente. ¿Tendrá esto algo que ver con su gusto por los besos? Nosotros creemos que no. Les siguen en la lista la parte interna de los muslos y las orejas.

Bueno, ¿crees que a ellos les encanta jugar con tus senos? Varios hombres mencionaron que les encantaría que tú ¡aprendieras a jugar con sus tetillas! Precaución: te sugerimos preguntar primero a tu compañero antes de empezar a besuquear su pecho porque no a todo el mundo le gusta que jueguen con sus tetillas. Ned, abogado retirado, de 48 años, lo dijo: "No recuerdo dónde lo leí, pero era algo así: 'Besar mis tetillas no genera ningún efecto en

¿Qué tipo de besos te gusta más?

	%
Profundos y seductores	~32 %
Otros	~9 %
Vigorosos	~6 %
Suaves	~4 %
Cortos y dulces	0 %
Húmedos y desordenados	0 %
Todos los anteriores	~47 %

mí. Es como si una mujer besara mi billetera'. Eso es lo que siento. Para mí, la zona erógena que más se excita es el cerebro".

Cuando sus prendas caen finalmente al piso y te encuentras explorando sus regiones inferiores, no te olvides de las joyas de la familia. "¡Mi zona erógena más excitante es mi escroto! ¡Es un malentendido!", exclama Claude, músico, de 34 años.

Cuando llega al paraíso, ¿qué desea ver?

Bueno, esto no tiene mucho que ver con los juegos preliminares, pero la línea del bikini es un tema de conversación tan común entre las mujeres que tuvimos que preguntar a los hombres qué les gustaba ver cuando te bajabas los pantalones. Y, bueno, mujeres, será mejor que lo tomen con calma y consideren la depilación porque al 50 % de los encuestados les encanta el estilo "pista de aterrizaje" o el "brasilero" (completamente limpio). Sin embargo, hay a quienes les encanta la línea de bikini están-

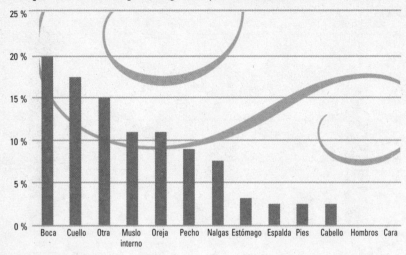

¿Cuál es tu zona erógena, no genital, que más se excita?

dar en cuanto estés muy bien peinada, para ellos la depilación no es importante.

No creas que debes adoptar un estilo y conservarlo. "Yo siempre espero encontrar variedad", dice Oliver, educador, de 42 años.

"Las sorpresas son agradables", asiente Dan, agente inmobiliario, de 38 años. "¡Me gustan todos los anteriores en situaciones diferentes!".

Juegos preliminares: cualquiera puede intentarlos

Mientras leíamos las respuestas a nuestra encuesta, llegamos a una conclusión: tal como ocurre en cualquier actividad compartida, ya sea jugando tenis muy animadamente o manoseándose con seriedad en el sofá de la sala, cuando se trata de juegos preliminares los hombres desean tener una compañera entusiasta que desee entregar tanta pasión como recibe. Por tanto, ¡tómate tu tiempo para llegar a la meta!

¿Qué estilo de línea de bikini prefieres en una mujer?

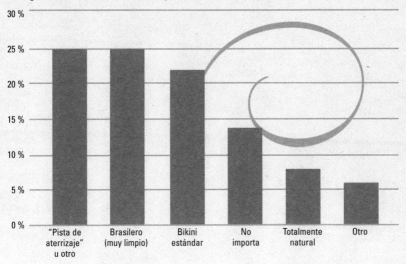

ÉL DICE

La depilación con cera o con rasuradora es un experimento (aunque doloroso) muy agradable. Intenta el estilo brasilero, y si a tu hombre le gusta espera a ver cómo te corresponde. Es lo justo. ¿Quién se le apunta a depilarse los testículos?

■ ■ ■ ■ ■

"Para matar la pasión no hay nada como un mal sexo oral (léase: sin ganas)".

—Ben, 40 años, arquitecto

CAPÍTULO CUATRO

Sexo oral

Sin sorpresas: a los hombres les encanta el sexo oral —darlo y recibirlo—. "En ocasiones nos gusta más que el sexo", dice Álex, gerente, de 32 años. De hecho, de todos los hombres que respondieron a nuestra encuesta solo uno dijo que no le gustaba (y nos morimos por saber por qué no). Pero el resto "quisiera que fuera más frecuente", como lo dice Rick, estudiante graduado, de 27 años. Entonces, ¿qué es lo que los hombres quieren que tú sepas?

Qué desean los hombres que las mujeres sepan acerca del sexo oral

La mayoría de las mujeres sabe cuán importante es el sexo oral para los hombres. Esto puede causar inseguridad —¿lo estoy haciendo bien?—, o exceso de confianza —en cuanto él obtenga lo que desea no me preocupo por más—. Lee y descubre la verdad.

TIP #1. Les encanta sentirlo — Una vez más, con ganas: a los hombres les encanta que les hagan el sexo oral, que usemos la lengua —mucho, muchísimo—. Si deseas descender sobre tu hombre habrá muy pocas probabilidades de que él te rechace. "Nos encanta el sexo oral en cualquier parte y en cualquier momento", dice Bob, ingeniero, de 28 años.

TIP #2. Pule tu técnica (es decir, un poco de variedad nos prepara un largo camino) — Después de haberlo mencionado, sabemos que es posible que el sexo oral sea mediocre. Recuerda que todos los hombres son diferentes. Lo que funcionó con tu novio del colegio (casi todo) puede que no funcione con un hombre de casi 40 años. "Las mujeres deben tratar de descubrir aquello que le gusta al hombre con quien están, no se trata de saber solamente cómo les gusta", dice Marcus, gerente general, de 47 años. "Las técnicas cambian según el individuo".

Entonces, ¿cuál es la mejor técnica? De acuerdo con nuestra encuesta solo hay una técnica, pero con gran variedad. "Hay más de una forma de moverse al chupar el pene", dice Malcolm, gerente, de 34 años. "No se trata solamente de tragar la espada", dice Jordan, profesional en mercadeo, de 45 años. "Es muy agradable cuando la técnica es variada". Boris, director creativo, de 43 años, asiente: "Lo mejor es la variedad y la creatividad, no hay una sola manera de hacerlo. Cambia de movimientos y de posición".

Entonces, si deseas enviarlo al paraíso oral mezcla tu ritmo, velocidad y presión. Joe, consultor, de 59 años, comenta: "El sexo oral es más erótico cuando se hace con diferente presión y succionando mientras hay movimiento".

A los hombres no les gusta el ritmo inconsistente; es decir, no les gusta cuando empiezas y te detienes (sin lugar a dudas, porque estás cansada) justo cuando están por llegar al clímax.

Sin embargo, hay algo que debes recordar: debes succionar profundo. "No sientas pena de introducir todo su miembro dentro de tu boca y concentrarte en el tronco, no solo en la cabeza", según dice Ralph, gerente de proyecto, de 34 años. Oliver, educador, de 42 años, lo expresa sin rodeos: "Sexo oral no es tener la punta del pene en tu boca". Hay actividades como lamer y besar el pene que pueden ser usadas adicionalmente, pero "debes pasar la mayor parte del tiempo chupándolo", aconseja David, administrador de sistemas, de 43 años.

Esto no quiere decir que debas concentrarte siempre en el tronco del pene. A algunos hombres les encantaría que consideraras incluir la región completa. Conforme dice Ned, abogado retirado, de 48 años: "No se trata de utilizar la boca sobre la cabeza y la parte superior del tronco del pene. Hay que combinar este movimiento con la estimulación de todas sus partes, desde la base hasta la punta con tu boca, mano y dientes (con suavidad, lo agradeceríamos) y con mucha saliva". Brian, productor de películas, agrega: "No se trata

ÉL DICE

Alquila una película porno. Obsérvenla juntos. Pregúntale qué estilo le gusta y luego experiméntalo con él. Finalmente, podrás adaptarte a su fisiología y volverlo loco.

■ ■ ■ ■ ■

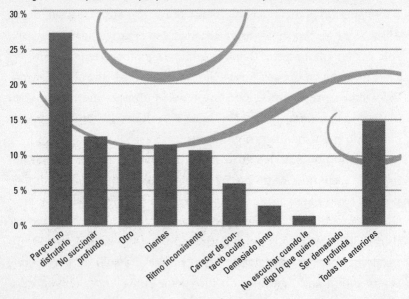

¿Cuál es el peor error que puede cometer una mujer durante el sexo oral?

Parecer no disfrutarlo · No succionar profundo · Otro · Dientes · Ritmo inconsistente · Carecer de contacto ocular · Demasiado lento · No escuchar cuando le digo lo que quiero · Ser demasiado profunda · Todas las anteriores

solamente de lamer el tronco. Hay muchas más cosas que hacer allá abajo". Si te preocupa que tu técnica oral deje mucho qué desear, te diremos qué hacer: ningún truco en el mundo, por muy innovador que sea, funciona si pareces obligada a hacerlo.

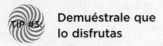

TIP #3. Demuéstrale que lo disfrutas

Según los encuestados, el peor error que puedes cometer, hasta el momento, es demostrar que no lo disfrutas. Tener actitud de falta de deseo es peor que enfrentarse a los enemigos del sexo oral, como la falta de presión, el ritmo inconsistente o el uso de los dientes. "El simple hecho de que estés allí no significa que funcione", dice Grez, ingeniero de *software*, de 35 años. "Debes hacer tu mejor esfuerzo".

Para la mayoría de nuestros encuestados el entusiasmo es la "mejor" técnica que puedes dominar. "Disfrútalo, gózalo, deléitate, haz de este acto un arte", aconseja Serge, estudiante, de 27 años.

Y será mucho mejor cuanto más entusiasmo sientas al acercarte al miembro de tu hombre. "Juega con él, deslízalo hacia abajo y hacia arriba, admíralo con esa mirada sensual, hambrienta y desgarradora, lámelo con seriedad e introdúcelo profundamente en tu garganta", dice Ted, gerente de logística, de 40 años.

Este esfuerzo valdrá la pena porque tú eres quien hace el sexo oral, pero es su placer el que se ve afectado. Robert, abogado, de 39 años, habla a nombre de muchos hombres al decir: "Si tú no lo disfrutas, yo no lo disfruto. No me mires repetidamente para saber si está funcionando. Demuestra que lo disfrutas sintiéndote bien mientras lo haces. Si dudas o empiezas a buscar mi aprobación empiezo a sentir que lo haces por obligación".

"Es muy fácil notar cuando no te gusta el sexo oral o cuando lo haces simplemente porque te sientes obligada", dice Ben, arquitecto, de 40 años. "No hay nada más aniquilador que el mal sexo oral (léase; sin entusiasmo)".

Entonces, aun cuando tengas la boca ocupada, mira a tu hombre con placer en tus ojos. Haz ruido. Demuéstrale con tus movimientos corporales que te encanta hacerle sentir placer. Si lo haces, tendrás muy buenas oportunidades de recibir algo a cambio.

 Tómate tu tiempo Por favor, ten en cuenta: entusiasmo no significa apresurar las cosas. Tómate todo tiempo. Varios encuestados confesaron que les encanta cuando prolongas el placer. No a todos los hombres les gusta llegar al clímax rápidamente; de hecho, es probable que algunos necesiten de cierto tiempo para alcanzarlo, tal como te ocurre a ti. "No siempre lo más rápido es lo mejor", dice Dave, ejecutivo, de 41 años. "No hay afán", dice Luke, estudiante, de 32 años. "Empieza despacio y poco a poco irás ganando ritmo".

Existe una razón práctica para esto. Si ocurre la situación opuesta, seguramente no quisieras que él simplemente se sumerja en la búsqueda de tu clítoris e ignore todo aquello que hay a su alrededor. En los hombres, la mayoría de las terminales nerviosas están localizadas en la punta de su pene, y por esto son demasiado sensibles a un ataque repentino y muy vigoroso. (De hecho, el borde entre la cabeza y el tronco es muy sensible). Debes entonces crear cierta expectativa. Besa su tronco y acarícialo con tu lengua lentamente y durante cierto tiempo. Piensa que es una paleta de agua, no un chupete. Si aún no está erecto, introduce su pene en tu boca y chúpalo suavemente hasta que se pare. En cuanto se endurezca, acelera tu paso y tu presión. "Cuanto más lo hagas durar, mucho mejor será".

 Tip #5. **Utiliza tus manos** Ahora, si en realidad deseas expandir tu repertorio oral, hay una forma muy sencilla de hacerlo: utiliza las manos y la boca al mismo tiempo. Varios encuestados dijeron que el placer se duplica cuando usas tus manos para complementar tu boca. "El manoseo junto a la succión de la boca, es lo mejor", dice T. J., músico, de 42 años.

Piensa que tu mano es una extensión de tu boca. Haz un anillo con el dedo índice y el pulgar (similar a un símbolo de aprobación) o con la mano. Puedes deslizar tu mano a lo largo de su varita mágica mientras está en tu boca o deslizar la mano hacia abajo agarrando con firmaza su tronco con fuerza mientras subes tu boca y tu cabeza.

Experimenta diferentes tipos de movimiento hasta encontrar el que lo enloquece. Por ejemplo, Claude, músico, de 34 años, dice que "girar la mano sobre la cabeza del pene es un movimiento sublime".

"Si quieres más ideas", sugiere Matt, activista político, de 46 años, "mira en una película porno cómo la actriz utiliza sus manos y su boca al mismo tiempo. La presión cerca de la punta es espectacular. Desde cuando me masturbaba, me acostumbré a movimientos más fuertes de los que te puedas imaginar".

No te olvides de las joyas de la familia

Cynthia nos recomienda en su libro *Mind-Blowing Orgasms Every Day* que no tengamos miedo de alejarnos por un momento del tronco de su pene y que visitemos a los gemelos de vez en cuando. "¡No olvides mis testículos, ellos también merecen atención!", dice Walt, gerente de mercadeo, de 27 años. Entonces, pasa suavemente tu lengua sobre sus testículos, deslízalos uno a uno dentro de tu boca y chúpalos con suavidad; o simplemente acarícialos mientras te deleitas con ellos oralmente, manteniendo ritmo y presión con tu boca.

Es sexo oral, no sexo dental

Si olvidas todo durante el sexo oral, recuerda cubrir tus dientes con los labios lo más que puedas. Solo a una pequeña cantidad de hombres le gusta sentir tus dientes, pero la mayoría reza para que "no aparezcan en ese momento".

Húmedo y salvaje

Sin importar la técnica manual que utilices, asegúrate de involucrar la mayor cantidad de saliva posible. "Cerciórate de que sea agradable y húmedo", aconseja John, contratista, de 24 años. "Uno desea que la fricción cause placer, no dolor". Paul, estudiante graduado, de 29 años, nos asegura que "se siente muy bien cuando está húmedo y es salvaje.

Esto no lo es todo

No te amañes mucho con tu "técnica" de sexo oral. Sí, es cierto, a los hombres les encanta el sexo oral, pero "no todos creen que esto es lo mejor que exista", dicen algunos hombres, como George, abogado de 50 años. Patrick, profesional en mercadeo, de 41 años, añade: "En la lista de acciones que me gustan en la cama, esta es probablemente la última. Sin embargo, debo reconocer que cuando el trabajo es maravilloso, el sexo oral se convierte en una experiencia increíble".

Esto ocurre porque para algunos hombres el sexo oral es, simplemente, el preludio al máximo evento: hacer el amor. "¡Por lo general el sexo oral me incita a buscar la penetración!", dice Patrick, escritor. O, tal como lo expresa sin rodeos Dave, analista, de 40 años: "¡Hay ocasiones cuando simplemente preferiría tirar!".

Cómo encontrar buen ritmo y presión

Sin importar cuán exóticos sean los trucos orales que hagas con tu hombre, recuerda que, "de cierto modo, se trata de mantener un ritmo consistente", dice Jordan, profesional en mercadeo, de 45 años. "Es asunto de ritmo y velocidad, no de profundidad", agrega Simón, programador, de 36 años. Y, para la mayoría de los hombres, el ritmo debe ser "constante y vigoroso, no suave y calculador", dice Rob, vendedor, de 36 años.

Casi la mitad de los encuestados prefiere que haya combinación de ritmos y presión; les encanta cuando no saben qué vas a hacer, siempre y cuando incrementes la intensidad y provoques el orgasmo. Además, cuando combinas los movimientos puedes "¡encontrar el ritmo y la presión que en realidad funcionan!", dice Jordan. "Y es entonces cuando vienen los quejidos. Sin embargo, creo que lo más inteligente que puedo hacer en ese momento es decir ¡sigue haciéndolo!".

Por tanto, no temas intentar diferentes técnicas hasta encontrar la receta perfecta para conseguir su máximo placer. "Se trata de experimentar", agrega Mike, estudiante y empleado de restaurante, de 23 años. "No existe una fórmula para el arte".

Hay razones prácticas para variar tu ritmo: "Las sensaciones repetidas causan la pérdida de sensibilidad", dice Dan, agente de bienes raíces, de 38 años. Para algunos hombres, esto también es una muestra de entusiasmo por lo que haces. "Cuando ella varía su técnica me doy cuenta de que hay una mujer consciente al otro extremo del sexo oral, que está pensando en lo que está haciendo", dice, bromeando, Nigel, científico, de 31 años.

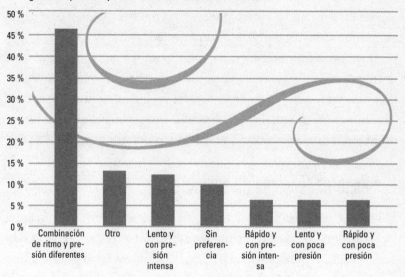

¿Cuánta presión y ritmo deseas durante el sexo oral?

Combinación de ritmo y presión diferentes	~46%
Otro	~13%
Lento y con presión intensa	~12%
Sin preferencia	~10%
Rápido y con presión intensa	~6%
Lento y con poca presión	~6%
Rápido y con poca presión	~6%

Incluso, aquellos hombres cuya respuesta fue "otra" mencionaron que les encanta la variedad en la velocidad y la presión; sin embargo, la respuesta "presión intensa" fue una solicitud constante. Obviamente, para algunos hombres todo depende de la situación: "Si haces el sexo oral como parte de los juegos preliminares, ¡no querrás realizar movimientos que rápidamente lleven a la culminación!".

¿Cómo sabes qué le gusta a tu pareja? "La mujer debe experimentar para poder saber cómo reacciona el hombre", dice Mike. "Y el hombre debe suministrarle claves bucales; esto también aplica al cunnilingus". De hecho, la mayoría de los hombres con quienes hablamos recomendaron que fueses muy observadora. "Encuentra la manera de complacer a tu hombre sintiendo sus respuestas físicas y escuchando

ÉL DICE

Un secreto sexual: algunos hombres ya han "descubierto" su próstata y les gustaría que la incluyeras en tu repertorio sexual. No voy a mencionar nombres.

■ ■ ■ ■ ■

sus réplicas verbales", aconseja Dan, agente de bienes raíces, de 38 años. Obviamente, también puedes preguntarle qué le gusta, como sugirieron muchos de nuestros encuestados.

Recuerda que tu pareja es, ante todo, un ser individual. "No creo que haya una sola cosa que funcione para todo el mundo", dice Patrick, escritor, de 40 años. "La mejor manera de descubrir lo que me gusta consiste en intentar diferentes tácticas y poner atención a la manera cómo respondo, o preguntarme".

Las mejores técnicas de sexo oral

Entonces, ¿qué técnicas orales deben incluirse en el *hall* de la fama del sexo oral? Le pedimos a nuestros encuestados que nos contaran cuál ha sido la mejor técnica oral que alguna vez haya utilizado una mujer. Bien, ellos describieron, con sus propias, palabras cómo su amante usó la boca para llevarlos a la cima del placer.

Ella lo disfrutó

Según testificaron varios hombres, con mayor frecuencia de lo previsto, su "técnica" consistió en demostrar un entusiasmo desenfrenado por la tarea que tenían a mano (literalmente):

* "¿La técnica oral más sorprendente? Probablemente el sexo oral estándar; pero ella lo disfrutó y lo demostró. Fue increíble la excitación, ¡increíble! No me produce placer cuando una mujer desciende sobre mí simplemente porque siente que debe hacerlo".–Patrick, 41 años, profesional en mercadeo.

* "El mejor sexo oral es cuando la mujer se deja llevar por completo y lo disfruta". –David, 43 años, administrador de sistemas.

* "Concentración. Simplemente, me di cuenta de que ella estaba absolutamente feliz de estar allí abajo y que toda su aten-

ción estaba puesta en lo que estaba haciendo". –Matt, 46 años, activista político.

✱ "Ella dijo: 'Relájate, esto tardará lo que tenga que tardar'". –Gene, 64 años, escritor.

Como plato principal pidió el combo

Las mujeres astutas saben que la definición de sexo oral no implica que no puedas utilizar otras partes de tu cuerpo (como, por ejemplo, tus manos).

✱ "Me lamió los testículos y utilizó sus manos para masturbarme al mismo tiempo". –Bruce, 31 años, planeador financiero.

✱ "Me chupó suavemente con toda su boca mientras acariciaba mi pene con una mano y los testículos con la otra". –T. J., 42 años, músico.

✱ "Todo. Deslizó todo su cuerpo a mi alrededor, mientras me besaba y acariciaba con sus manos al mismo tiempo". –Sam, 46 años, consultor de negocios.

✱ "Succionó con su boca como si fuera una aspiradora, y agregó un poco de acción manual". –Joe, 59 años, consultor.

✱ "Utilizó ambas manos y sus labios para 'descubrir' la cabeza. Fue increíble. Prácticamente me rogaba para que me viniera en su boca, y lo hice". –Marcus, 47 años, gerente general.

✱ "Presionó la cabeza fuertemente con su mano y la boca y después empezó a deslizarse por el tronco del pene con un ritmo consistente". –Walt, 27 años, gerente de mercadeo.

✱ "Utilizó gran cantidad de saliva, su mano y su boca. Fue lo más cercano posible a estar dentro de una mujer, de hecho, es lo siguiente en la lista". –Pete, 51 años, artista.

* "Fue un combo que incluía lamido-de-cabeza con chupada-descendente por el tronco del pene, y posteriormente me tomaba ávidamente mientras se tocaba y gemía... ¡No creo que necesitase de algo más!". –Ted, 44 años, gerente de logística.

* "Involucraba círculos con la lengua combinados con caricias manuales y presión con los labios creando una sinfonía de ritmo y música que me forzó a perder el control sin poder predecir lo que podría ocurrir". –Dave, 41 años, ejecutivo.

* "Deslizó sus dedos con suavidad por todo mi pene mientras hacía el sexo oral". –George, 50 años, abogado.

* "Ella coordinó lengua, labios y mano de modo que cada uno de estos elementos maximizó el efecto en el momento justo. No puedo describir facilmente con palabras". –Richard, 35 años, profesor.

* "Utilizó su mano suavemente mientras chupaba despacio... y debo mencionar, además, que me miraba profundamente a los ojos y gemía". –Chris, 34 años, ingeniero de *software*.

* "Me hizo un poco de estimulación anal mientras alternaba con movimientos para lamer y chupar mi tronco y testículos". –Rob, 36 años, vendedor.

* "Me encanta cuando me lame el tronco hacia arriba y hacia abajo, chupa alrededor de la cabeza, lo introduce en su boca y lo lleva lo más profundo que puede por su garganta. También me gusta cuando mueve su mano hacia arriba y abajo de mi tronco, y coge mis testículos con suavidad". –Patrick, 40 años, escritor.

Lo introdujo a profundidad

Mujeres, a trabajar para minimizar las náuseas. Cuanto más virilidad puedas introducir en tu boca (e, incluso, en tu garganta) mayor felicidad le proporcionarás a estos hombres:

* "Garganta profunda. El poder y el simbolismo de ver a una mujer arrodillarse ante ti e introducir todo tu miembro en su boca está fuera de todo límite". –William, 39 años, gerente de desarrollo de negocios.

* "Estando de pie, se arrodilló junto a mí observando mis pies y lo introdujo a profundidad". –Andy, 45 años, electricista.

* "Lo introdujo profundamente en su garganta y con suavidad lo oprimió con sus músculos". –Sam, 52 años, músico.

* "Utilizó la técnica de garganta profunda combinada con movimientos de tragar en la garganta". –Claude, 34 años, músico.

* "Garganta profunda". –Dave, 40 años, analista.

Algunos consejos para realizar esta técnica, famosa desde 1972 gracias a la película de Linda Lovelace que llevaba su mismo nombre: ensancha el ángulo de tu boca y tu garganta creando una línea recta; podrás recostarte sobre tu espalda con la cabeza colgando del borde de la cama mientras tu amante está de pie o arrodillado frente a ti. También puedes sentarte sobre su pecho observando sus pies, o asumir la posición 69. La ironía consiste en que una vez introduzcas todo su pene dentro de tu boca no podrás chupar ni lamer ni hacer nada con la lengua, por lo cual la técnica de garganta profunda es más impresionante que práctica. Para algunos hombres, ¡esto es suficiente!

Sus técnicas con la lengua fueron maravillosas

Algunos hombres nos recordaron cómo la destreza de la lengua de su mujer los llevó al paraíso.

* "Utilizó un método de succión con la lengua combinado con acciones espirales leves".
  –Malcolm, 34 años, gerente.

* "Movió su lengua desde mi región anal hasta la punta de mi pene y se devolvió. Repitió esto una y otra vez". –P. B., 51 años, cazador de talentos corporativo.

* "Golpeaba mi pene con su lengua y dejó la boca abierta mientras yo llegaba". –Serge, 27 años, estudiante.

* "Enrolló toda su lengua a mi alrededor y, honestamente, no sé que más hizo". –John, 24 años, contratante.

Acá presentamos algunas ideas (tomadas del libro de Cynthia *Mind-Blowing Orgasms Every Day*) para intentarlo con tu lengua. Contonea con ella los bordes del tallo de su pene. Muévela hacia adelante y hacia atrás. Introdúcela en su hendidura. Rodea todo su miembro. Cuando llegues a la parte superior del tallo, gira tu cabeza como si estuvieras asintiendo y mueve la lengua contra su frenulum (frenillo del pene). Chúpalo como si fuera un chupete. Agita tu cabeza mientras lo estas chupando. ¡A improvisar, muchachas!

Su ritmo fue grandioso

Ya habíamos mencionado el ritmo. Un compás lento y constante es la clave para el éxtasis:

* "Sumergirlo por cierto tiempo en tu boca y deslizar tus labios húmedos a lo largo de la región superior del órgano; sumergirlo y después deslizar los labios, y ¡continuar así una y otra vez!". –Clay, 31, oficial de control animal.

* "Lento con presión firme, durante cierto tiempo". –Frank, 35, profesional.

La clave está en establecer un ritmo constante e incrementar tu velocidad gradualmente en cuanto él se acerca al clímax. Lo que sea que hagas, ¡no te detengas!

Le dio importancia a las joyas de la familia

Estos hombres recordaron con orgullo la ocasión en la cual su mujer dedicó toda su atención a sus gemelos:

* "Frotó hielo sobre mis testículos mientras hacia el sexo oral". –Chris, 45 años, actor.

* "Tragaba mis testículos". –Luke, 32 años, estudiante.

* "Las gafas árabes (mis testículos sobre sus ojos)". –Kelly, 27 años, estudiante graduado.

Sabía que en ocasiones los dientes son útiles

Durante el sexo oral, la mayoría de los hombres desean que olvides utilizar tus dientes en estos procedimientos. Pero, ocasionalmente, un toquecito con tus perlitas blancas puede generar un efecto erótico:

* "Me encanta sentir sus dientes, es un placer y un dolor indescriptible". –Nigel, 31 años, científico.

* "Ella utilizó sus dientes y generó fricción adicional, ¡fue maravillosooooo, algo dificil de describir!". –Paul, 29 años, estudiante graduado.

Se concentró en la punta

Estos hombres nos contaron cómo las mujeres excitaron la cabeza de su pene:

* "Chupó la punta para hacer ruido". –Mike, 23 años, estudiante y empleado de restaurante.

* "No sé cómo describirlo con exactitud, pero fue alguna técnica

especial que utilizó sobre la punta de mi pene". –Morgan 27 años, analista financiero.

Me brindó felicidad sin utilizar sus manos

Sí, los hombres de nuestra encuesta han dicho, una y otra vez, que les encanta que utilices tus manos durante el sexo oral; pero, de vez en cuando, es bueno demostrarles que puedes hacerlo solo con la boca. Para estos hombres esto funcionó así:

* "No utilizó sus manos para nada". –Oliver, 42 años, educador.

* "Me hizo llegar con solo su lengua, no usó las manos para nada". –Ben, 40 años, arquitecto.

Le gustaban los juegos fríos

Nombre de un estimulador de sexo oral localizado en la cocina. Pista: está en el refrigerador. Utiliza el hielo para crear sensaciones emocionantes sobre todo su cuerpo, especialmente en sus zonas erógenas. Algunos hombres mencionaron cómo sus mujeres sostuvieron un cubo de hielo en la boca mientras descendían por su cuerpo. Brian, empresario, de 37 años, nos resumió una técnica mucho más exótica: "Ella murmuraba mientras sostenía un cubo de hielo en su boca. El contraste entre lo frío y lo caliente, y sus vibraciones fue increíble".

Digámoslo de este modo: no hay un límite para utilizar tu boca y volver loco a tu hombre. Tom, abogado, de 31 años, nos contó que la experiencia de sexo oral más fascinante que ha tenido fue cuando "una mujer besó y lamió la cabeza de mi miembro después de la eyaculación"; para Robb, científico, de 59 años, el cenit del placer oral fue cuando, "simplemente, recibió ¡tres momentos de sexo oral seguidos!".

Su geografía del deseo

Cuando se trata de lo que puedes hacer con tu boca, no te limites solo a su virilidad. A los hombres les encanta sentir tu boca y tu lengua sobre la totalidad de su cuerpo. Tal como ya lo hemos mencionado: a muchos les fascina cuando manipulas las joyas de la familia (el 58 % de los encuestados dijeron disfrutar la acción oral sobre sus testículos; solamente el 3 % consideran que los gemelos son "zona prohibida"). Y al 54 %, les encanta cuando pasas tu lengua sobre sus tetillas. Intenta girar sus tetillas con fuerza y después sóplalas suavemente.

Otra zona erógena oral es el área entre el escroto y el ano conocida como el perineo: el 40 % de los encuestados la mencionaron como abierta para la acción. Otro 37 % mencionó la sensibilidad de la parte interna de sus muslos. Algunos dijeron que les encantaba sentir tu lengua sobre sus oídos y cuello. A Patrick, escritor, de 40 años, le encanta que lo muerdas "suavemente en la nuca".

También hay algunos hombres que permiten que utilices tu boca en cualquier parte de su cuerpo. De hecho, la mitad de nuestros encuestados dijeron que no hay un "área prohibida" para el sexo oral. Sin embargo, ten mucho cuidado antes de utilizar tu lengua para dominar sus nalgas: el 42 % dijo no querer nada cerca del ano. "Cuando estás con un hombre del 29 % restante, a quien le gusta sentir tu lengua entre sus nalgas, asegúrate de que ambos estén recién bañados y utilicen una barrera de látex o un trozo de papel de envoltura para protegerte".

Y, ¿cuáles son sus áreas favoritas para el sexo oral (diferentes a los genitales)? ¡Pregúntale!

La otra opción es el ensayo y el error. Hay muy buenas probabilidades de que él te haga saber que estás llegando a una zona prohibida. O, simplemente, empieza a jugar a las preguntas, su-

¿En qué otas áreas disfrutas del sexo oral?

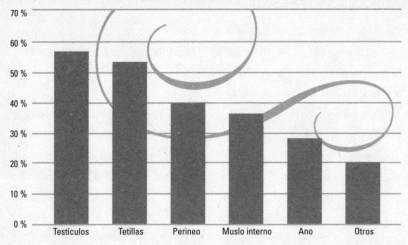

giere Jordan, profesional en mercadeo, de 45 años. "Me gusta el juego: ¿te gusta así?, ¿qué tal esto?", dice. "Para mí esto es lo mejor. Y si lo hace mientras me pica el ojo sensualmente, seguramente obtendrá una respuesta positiva".

También puedes "dejar que él te guíe o mueva tu cabeza hacia sus diferentes partes del cuerpo".

Qué deben saber las mujeres acerca del cunnilingus

Bueno, ya sabes con más detalle cómo se sienten los hombres cuando haces el sexo oral. (Recordatorio en caso de que sufras de pérdida de memoria a corto plazo: fabuloso). ¿Cuánto les gusta a los hombres descender sobre tu cuerpo? Bien, no podríamos decirlo mejor: los hombres adoran deleitar tus partes privadas con el placer oral. Un 81 % de los hombres que contestaron nuestra encuesta dijeron que les encantaba, mientras que solamente el 18 % afirmó neutralidad diciendo que no era su acto sexual favorito, y solo un mínimo del 1 % dijo que no le gustaba del todo.

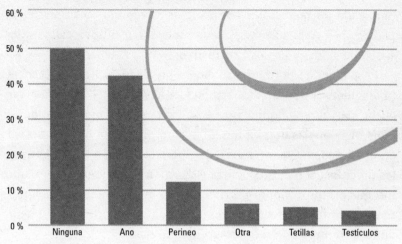

¿Existen áreas prohibidas para el sexo oral?

	Ninguna	Ano	Perineo	Otra	Tetillas	Testículos

"Para mí es una combinación de tres cosas", dice Jordan, profesional en mercadeo, de 45 años. "Primero: escuchar sus gemidos me enciende; hacerla llegar al clímax es lo que más me excita. Segundo: el sabor es absolutamente suave. Y tercero: es un 'área prohibida' de mucha intimidad". Esto es lo que ellos desean que sepas:

TIP #1: Les encanta, por tanto, ¡disfrútalo!

Si un hombre se aventura a ir más allá de tu cinturón, es porque lo desea. "Si digo que me gusta es porque me gusta", dice Malcolm, gerente, de 34 años, "y no lo digo porque lo deba hacer". Robert, abogado, de 39 años, agrega: "No es una tarea ni una obligación, lo disfruto, de verdad".

ÉL DICE

Algunos hombres piensan que introducirse algo en el ano es señal de homosexualismo. No. Lo más gracioso es que ellos no tienen ningún problema introduciendo objetos en tu ano. Ayúdalo a conocer su próstata. Desliza uno o dos de tus dedos la próxima vez que desciendas por su cuerpo, pero habla con él acerca de esto antes de hacerlo. ¡No querrás llevarte una sorpresa!

■ ■ ■ ■ ■

"Primero, se siente muy bien satisfacer a alguien", dice Mike, empleado de restaurante, de 23 años. "Segundo, la vagina es la parte más íntima del cuerpo femenino. Y, por último, cada mujer sabe diferente, ¡y eso es lo atractivo!".

Para algunos hombres, de hecho, realizar el sexo oral sobre una mujer es una de sus actividades favoritas. "De verdad, me gusta más que cualquier otra cosa", dice Nigel, científico, de 31 años. "Las novias que he tenido a largo plazo han terminado por creerme después de un mes o dos, pero creo que a las mujeres se les dificulta aceptar que ocurra y disfrutarlo porque no creen que me guste tanto". Gene, escritor, de 64 años, asiente: "Personalmente, prefiero hacerlo antes que cualquier otra cosa. Puede durar el tiempo que requiera, o mucho más".

Entonces, no lo piensen dos veces, mujeres; él obtiene placer cuando desciende al sur. "En realidad, disfruto haciéndose a una mujer", dice Patrick, profesional en mercadeo, de 41 años. "Para mí, pasar un buen momento es hacerla sentir bien con mi técnica oral y después deslizarme dentro de ella cuando está completamente húmeda".

¿Cómo te sientes cuando le haces sexo oral a una mujer?

La complacencia también desempeña un rol muy importante entre los deseos secretos de los hombres: "Me encanta que me dominen, entonces siento que ella me está usando para su propio placer y eso lo disfruto", dice Nigel.

Lo único que debes hacer es relajarte y disfrutarlo. "Deja que el hombre decida si estás lo suficientemente limpia; deja que decida si es el momento para avanzar", dice J. B., ingeniero de *software*, de 50 años. "Creo que algunas mujeres tienen traumas con respecto al cunnilingus". De hecho, si te estás divirtiendo, él también. "Disfrútalo, y yo lo disfrutaré mucho más", dice Jordan, profesional en mercadeo, de 45 años.

Efectivamente, para algunos hombres practicar el sexo oral es, simplemente, un prerrequisito para su propio placer. "Debo hacerlo para excitarme", dice Dave, ejecutivo, de 41 años. "Sus ruegos porque se lo haga, provenientes de los suspiros de su garganta, me encienden y me excitan definitivamente", comenta Richard, profesor, de 35 años. Y para D. J., músico, de 42 años, "el placer de la mujer es mi mayor excitación".

 TIP #2: Retroaliméntalo Cuando se trata de sexo oral, ¿cómo puedes ayudar al hombre para que él te ayude? Dile lo que te gusta. No se trata de estar ahí acostada esperando a que él finalmente descubra lo que deseas. Nosotros no podemos enfatizar en la importancia de la comunicación abierta. No puedes dejar que sean ellos quienes lo digan. Observa lo que dijeron nuestros encuestados:

* "Mi experiencia me dice que todas las mujeres son diferentes con respecto a lo que quieren.

ÉL DICE/ELLA DICE

Una de mis novias decía que el arte del cunnilingus se parecía mucho a la idea de lamer miel de las alas de una mariposa. Suena horrible, pero creo que es mejor que mi técnica que podría semejarse a tratar de remover una mancha con la lengua.

■ ■ ■ ■ ■

* Debes decirles a los hombres lo que te gusta y lo que no, de este modo te podrán complacer". –T. J., 42 años, músico.

* "Dime qué te gusta. ¿Muy lento o muy rápido? ¿Uso los dedos? ¿Dónde los quieres? Estoy allí para hacerte sentir mejor, y creo que hago un buen trabajo, pero es importante que me guíes para llevarte al siguiente nivel". –William, 39 años, gerente de desarrollo de negocios.

* "Dime qué te gusta... lento, rápido, arriba, abajo, labios, chuparte el clítoris, etc. Algunas mujeres son más sensibles, otras menos, por eso, debemos saber qué quieres". –Marcus, 47 años, gerente general.

* "Me encanta hacerlo, pero sé que las mujeres son diferentes. Cuéntame con palabras, sonidos o movimientos si lo estoy haciendo muy rápido, lento, suave o fuerte. De verdad, quiero que llegues al orgasmo. Me siento muy bien cuando tú estás bien". –Matt, 46 años, activista político.

* "Estoy escuchando. Dime o muéstrame qué te gusta". –Sam, 46 años, consultor de negocios.

* "Es correcto decirle al hombre lo que te gusta o no mientras el desciende por tu cuerpo. Mujeres, la mayoría de los hombres quieren ser buenos amantes, y si les dices lo que quieres van a tratar de hacerlo". –Patrick, 41 años, profesional en mercadeo.

* "Habla y dime si algo está funcionando o no". –Allen, 35 años, productor de películas.

En resumen, tu voz es la herramienta más confiable para asegurar tu propia satisfacción sexual.

Recuerda: tu compañero no tiene percepción extrasensorial, por tanto, le encanta que lo guíes.

"No tengo ni idea de lo que estoy haciendo", admite Kelly, estudiante graduado, de 27 años. "Necesito tu retroalimentación".

 TIP #3: **Produce algunos ruidos**

No tengas miedo de demostrar aprecio por el esfuerzo del hombre él mientras desciende por tu cuerpo. Para él, tus gemidos de pasión son absolutamente eróticos. Cuanto más te expreses, más excitados estarán los dos, según lo afirman estos comentarios:

* "Por los ruidos que produce puedo saber que lo estoy haciendo bien, y eso me excita". –Patrick, 40 años, escritor.

* "No contengas tu excitación, habla sucio, gime, grita, juega con tus senos, etc.". –Walt, 27 años, gerente de mercadeo.

* "La comunicación es la clave. Dinos cuán cerca estás del orgasmo, y cuando sientas el orgasmo, hazlo saber (haz mucho ruido)". –Mike, 23 años, estudiante y empleado de restaurante.

* "No te preocupes, no me vas a lastimar la cara. ¡Mueve la cadera, me encanta!". –Xavier, 40 años, ingeniero.

Hay una razón muy práctica por la cual debes vocalizar tu pasión. Si lo evitas, podrás sofocar la respiración fuerte de tu respuesta orgásmica natural, y ¡apagar el poder de tu propio orgasmo! Por tanto, deja tus inhibiciones bucales en la puerta de la habitación.

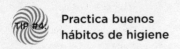

Practica buenos hábitos de higiene

Algunas mujeres se preocupan por lo que piensen los hombres de su olor "allá abajo". Hasta cierto punto, eso no aplica; a la mayoría de los hombres le gustan los olores naturales de la mujer, pero prefieren que los mantengas "frescos y limpios", dice Rob, consultor independiente, de 45 años. Las duchas vaginales no son necesarias: la vagina es un órgano que se ocupa de su propia limpieza, y estas duchas pueden alterar el balance de su pH natural. "Un simple chapuzón de agua es suficiente", dice Andy de 40 años, electricista.

Sin embargo, no hay problema si te cogen fuera de guardia. "Si su olor es un poco fuera de tono es probable que no pase demasiado tiempo allá abajo, pero me sentiré aún atraído hacia ella y trataré de que no se sienta mal", dice Ted, gerente de logística, de 44 años.

Tal como dijimos anteriormente, algunos hombres tienen preferencias muy claras con respecto a la depilación de esta zona. "Menos es más cuando se trata del vello", dice Claude, músico, de 34 años. "No tengo nada en contra del vello en general, pero el cunnilingus es menos divertido con él", comenta Simón, programador, de 36 años. Otro músico, Sam, de 52 años, anota que cuando te depilas o te haces la cera en el pubis, el sexo oral es "mejor".

Sin embargo, hay muchos encuestados que no ponen atención al tipo de depilación que tengas. "Si deseamos descender por tu cuerpo, no nos importa si acabas de llegar del trabajo, del gimnasio o de donde sea", dice Ben, arquitecto, de 40 años. "¡Solo queremos desnudarte!".

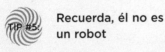

Recuerda, él no es un robot

Sí, la mayoría de los hombres desean que te relajes durante el sexo oral, y que no te preocupes si te demoras "demasiado". Jack, diseñador gráfico, de 52 años, afirma que "podemos estar allí más de lo que tú crees. Es maravilloso si llegas, incluso si te tardas un poco en hacerlo".

Por otro lado, tu compañero es un ser humano. "Mi mandíbula se cansa", dice Tom, abogado, de 31 años. El cuello es sometido a una fuerza considerable si pasamos más de 15 minutos cuidando nuestro negocio en los trópicos". Por eso, debes ayudarlo elevando la cadera o su pecho con almohadas si es necesario. Sugiérele que mueva la cabeza (permitiendo que la lengua descanse un rato mientras está aún dentro de ti) o que use sus dedos de vez en cuando.

Ten cuidado para no tratarlo como a un objeto. "Mi cabeza no es una bola de boliche y mis orejas no son los orificios de la bola", dice Matt, activista político, de 46 años. "Mientras te beso allá abajo, por favor, no introduzcas tus dedos en mis orejas".

Debes saber, además, que así como no tendrás la energía necesaria para hacerle el más maravilloso sexo oral cada vez que él lo desee, también él necesitará un día libre de vez en cuando.

"A veces, simplemente, no tengo ganas", admite Boris, director creativo, de 43 años. Sin embargo, como ustedes dos se están comunicando verbalmente acerca de lo que desean, tú lo sabrás y así podrán avanzar, ¿no es cierto? ¿Cierto?

Y todo esto, ¿para nada?

La mayoría de las veces su trabajo oral te hará llegar hasta la Luna, pero, en ocasiones, notarás que, simplemente, no vas a llegar. No te presiones. Tal como nuestra encuesta lo demuestra, los hombres desean que te expreses y cuentes lo que pasa, menciona cuánto lo disfrutaste y prepárate para saber ¡qué más incluye el menú!

ÉL DICE

En serio, mujeres, si tarda más de diez minutos te presentaré a mi amigo Bob quién funciona con baterías. Incluso te doy las baterías.

■ ■ ■ ■ ■

"Primero, la lubricación es necesaria.
Segundo, no estás encendiendo una máquina podadora".

—Rob, 36 años, vendedor

C A P Í T U L O   C I N C O

▌Caricias con la mano

Tal vez seas una profesional cuando se trata de manejar tu propio equipo. Pero, ¿qué tan buena eres con el suyo? Sin importar si lo estás excitando para el evento principal en la habitación o si deseas darle una pequeña sorpresa en el teatro oscuro donde ven la película, debes conocer la manera correcta de agarrar sus partes íntimas. Les pedimos a los hombres que nos revelaran sus secretos con respecto al fino arte del trabajo manual. ¡Te sorprenderás con sus cándidas respuestas!

Qué desean los hombres que las mujeres sepan sobre las caricias con la mano

¿Qué pasa cuando las partes íntimas del hombre se han liberado de los pantalones?

 Tip #1: Utiliza lubricante

Hay algo que deberás recordar de este capítulo: utiliza algún tipo de lubricante. "¡Engrásame!", dice Rick, estudiante, de 27 años. Es muy raro el hombre que gusta de la fricción a secas, a menos que se trate de un trozo de bistec a la barbacoa. "No frotes nada en seco cuando hay fricción de por medio", aconseja Sam, músico, de 52 años. Sí, una vez más, nuestros encuestados confirmaron que el "lubricante es la clave". William, gerente de desarrollo de negocios, de 39 años, lo resume brevemente: "No acaricies la cabeza y el prepucio a menos que uses lubricante". Ted, asistente de producción, de 27 años, esboza las tres ideas principales que desearía que las mujeres supieran acerca de las caricias manuales: 1. Cuándo iniciar. 2. Cuándo detenerse. 3. Cuándo usar lubricante.

¿Qué tipo de lubricante debes utilizar? Todo depende de lo que pienses hacer posteriormente. Si acaricias su varita del amor como preludio al acto sexual, utiliza lubricante a base de agua y silicona (lee las marquillas), que puedes comprar en farmacias, almacenes de cadena o por Internet. Con respecto a las marcas, le preguntamos a un amigo homosexual cuáles eran las mejores; nuestro amigo Kyle Irish sugiere los lubricantes a base de silicona. "Son lo más cercano al aceite que puedes conseguir", afirma.

No utilices lubricante a base de aceite si planeas tener sexo usando un condón, y esto es muy, muy importante saberlo: el aceite destruye el látex, y, tal como lo dice Matt, activista político, de 46 años: "Escoger un lubricante es muy importante. Hay lubricantes que funcionan para las caricias manuales, pero no para el sexo. La vaselina es muy útil porque dura, pero sé que no la puedo utilizar para el sexo debido a que los condones son de látex; por esto, no la uso, a menos que sepa que el acto sexual no ocurrirá. Hay ocasiones en las que las caricias manuales son lo único que me excita".

Si por alguna razón solo te satisfacen las caricias manuales, tus opciones se expanden. Podrías empezar con cremas para manos o lociones corporales, por ejemplo, aunque deberás tener gran cantidad disponible porque son absorbidas por la piel. "La loción funciona de manera similar a las rueditas de las bicicletas", dice Oliver, educador, de 42 años. Mientras incrementa tu creatividad y confianza, puedes variar un poco y usar aceite para masajes o asaltar la cocina en busca de aceite vegetal, de girasol, de semilla de uva o de coco. Nuestro amigo Kyle dice que, incluso, puedes usar crema para manos o aceite mineral. "Puedes comprarlos en supermercados y la sensación que producen es increíble".

Obviamente, siempre podrás contar con tu saliva (aunque debes prometernos que seguirás todas las reglas del sexo seguro). Es una gran opción si lo que planeas es embellecer tus caricias manuales con algunos trucos orales, aunque este aspecto lo trataremos un poco más adelante.

 Tip #2: Agarra firmemente Ya tienes el pene de tu pareja en la mano. ¿Ahora qué? Agárralo firmemente. "No seas discreta", aconseja Sam, consultor de negocios, de 46 años, "Piensa que es un bate de béisbol y no una pieza fina de vajilla. "No se va a romper", dice T. J., músico, de 42 años: "De modo que agárralo con cierta firmeza". Tom, abogado, de 31 años, lo compara con

ÉL DICE

Toma con una de tus manos
la muñeca opuesta, sostenla
con fuerza y levanta por
completo el brazo. La presión
que aplicas a tu propio brazo
es la misma que debes
ejercer sobre el pene del
hombre.

■ ■ ■ ■ ■

agarrar un palo de golf: "No muy fuerte, pero tampoco muy suave".

Algunos hombres en nuestra encuesta fueron más específicos: "A los hombres les gusta tener el pene envuelto, sentirlo como dentro de un tubo", dice David, administrador de sistemas, de 43 años, "por tanto extiende los dedos y cúbrelo tanto como puedas". J. B., ingeniero de *software*, de 50 años, desea que tú "agarres firmemente mi pene hacia el fondo de su tronco manteniendo presión constante (pero no exclusiva) con el índice y el pulgar. Luego acaricia hacia arriba y hacia abajo su cabeza". Puedes utilizar toda la mano colocando el pulgar o el meñique sobre el borde o hacer un anillo con el pulgar y el índice.

¿No estás segura de cuán firme debes empuñarlo? ¡Pregunta!

 Pero no tan fuerte

Sí, te aconsejamos agarrar con firmeza; pero "firme" no significa ajustado, doloroso. "No estás prendiendo una máquina podadora", dice Rob, vendedor, de 36 años. Brian, productor de películas, de 29 años, añade "No es la palanca de cambios de un auto. Es necesario tener mucho cuidado". Dave, ejecutivo, de 41 años, lo dice sin rodeos: "¡No le quites la perilla!".

De hecho, a algunos hombres les gusta que los agarren con vigor y firmeza, pero otros prefieren que los toquen suavemente: "Lo brusco no funciona", dice George, abogado, de 50 años. Peter, enfermero, de 58 años, insiste en que "debes ser cariñosa y mantener buen ritmo". Richard, profesor, de 35 años, anota: "Me duele cuando me jalas la piel o me oprimes con fuerza; mejor, humedece mi pene con saliva en cantidades generosas o procura que los movimientos de tu mano sean suaves y moderados".

Recuerda que es adecuado (tal vez, preferible) empezar despacio e incrementar la intensidad gradualmente, porque es probable que su pene no resista los ataques totalitarios desde el principio. "La punta

puede ser sobreestimulada", dice Álex, gerente, de 32 años. Por esto, "no vayas directo por el orgasmo", aconseja Gene, escritor, de 64 años. "Suave y lento para principiantes".

No es necesario que adivines cuánta presión es necesaria; pregúntale. Robert, abogado, de 39 años, señala: "Mi pene es parte de mi cuerpo, no es indestructible. La idea es acariciarlo por donde y como yo te lo digo, no arrancarlo de mi cuerpo".

Diferentes tipos de caricias para diferentes fines

Lo cual nos lleva hacia nuestro siguiente consejo: la cantidad de presión que

apliques, la velocidad y tu ritmo dependerán de tu meta. ¿Estás tratando de excitarlo para el sexo?, ¿o son las caricias manuales el objetivo principal? "Masturbarme para hacerme llegar implica una caricia diferente a la de los juegos preliminares", dice Malcolm, gerente, de 34 años. Siendo más específicos:

✱ "Una vez estamos excitados, me gustan las caricias veloces". –Nigel, 31 años, científico.

✱ "La variedad es buena, no me gustan las caricias repetitivas. La cabeza es más sensible y produce más placer que el tronco". –Boris, 43 años, director creativo.

Caricias diferentes para hombres diferentes

Hablando de velocidad, el único punto en que nuestros encuestados estuvieron todos

de acuerdo se relaciona con las caricias manuales: es necesario mantener un ritmo constante (incrementando tal vez un poco la velocidad hacia el final). "Debes hacerlo con ritmo consistente", dice Bruce, planeador financiero. "Mantén la acción invariable: empezardetenerse no funciona", agrega Greg, ingeniero, de 35 años.

Algunos encuestados recomiendan no incrementar la velocidad demasiado (ve al tip # 3, en la página 94) hasta cuando él esté cerca al clímax. Entonces, "haz contacto visual y acelera", sugiere Rob, consultor independiente, de 45 años. "Empieza lentamente y con firmeza, y apresura los movimientos posteriormente", recomienda Mike, estudiante y empleado de restaurante, de 23 años. "Lento, luego rápido, presión constante", funciona también para Marcus, gerente general, de 47 años.

De hecho, la combinación de caricias y velocidad es lo que pone a los hombres a volar (según el 58 % de nuestros encuestados). "Ocurre tal como con el sexo oral: si se hace lo mismo una y otra vez, pierdo la sensibilidad", dice Dan, agente de bienes raíces, de 38 años.

¿Cómo te gusta que te acaricien las mujeres?

¿Cuál es la mejor manera de saber qué le gusta a tu hombre? Tal como lo dijimos con respecto al sexo oral: experimenta, observa sus respuestas y, si todo lo demás falla, pregúntale. Un poco de comunicación abierta no hace daño a nadie, especialmente en la habitación.

En resumen, la conexión lo es todo. "Compenétrate con nuestra cercanía al orgasmo", aconseja Allen, productor de películas, de 35 años. Calcula sus respuestas con lo que haces. Hombres como Morgan, analista financiero, de 27 años, nos recuerdan: "¡No te detengas antes!".

 Aprende a identificar lo que le gusta

Como todos los hombres son tan diferentes, vale la pena descubrir el tipo de caricia manual que el tuyo prefiere. ¿Le gusta que lo toques por debajo, como a Robb, científico, de 59 años?, ¿o prefiere que juegues con la punta, como Xavier, ingeniero, de 40 años? Simplemente, dilo: "Pregúntame cómo me gusta", dice Jordan, profesional en mercadeo, de 45 años. O pon tu mano sobre la de él y pídele que lo demuestre; luego, imita sus movimientos. "Debes seguir las manos de tu compañero", dice Claude, músico, de 34 años. "Es frustrante cuando es demasiado lento o muy demorado".

De vez en cuando, puedes aprender aquello que le gusta observándolo. "Pon atención a la respuesta del hombre", dice Marcus. "La firmeza del agarre y la velocidad deben ser exactas". Por eso es tan importante la comunicación con tu amante (¡imagínalo!). "¡No lo aprietes con fuerza y no tires de la piel hacia arriba y hacia abajo!", dice Tedd, gerente de logística, de 44 años. "Deslizarse suavemente, pero con firmeza sin jalar la piel es difícil. Debes hablar conmigo y asegurarte de que estamos en la misma onda".

No siempre lo es todo, ni tampoco es este el objetivo principal

En este caso, tal como ocurre con todos los aspectos del sexo, la regla de oro también se aplica: "¿Qué te gustaría a ti sentir?", pregunta Pete, artista, de 51 años. "Estás imitando el acto del sexo; entonces, piensa que tu mano es una copia de tu cuerpo".

Las caricias manuales pueden ser fantasiosas, pero no siempre son la atracción principal para la mayoría de los hombres. "Preferimos tener sexo", dice Dave, analista, de 40 años. Patrick, escritor, de 40 años, agrega: "Es agradable, pero nunca tan bueno como el sexo oral o el acto sexual". Tu hombre ha estado manipulando su equipo durante cierto tiempo y por esto sus referencias son específicas. Clay, oficial de control animal, de 31 años, señala: "Yo puedo hacer mejor el trabajo. Obvio, ¡lo he estado practicando desde los 13 años!". Otros hombres, simplemente, prefieren otras maneras de llegar al orgasmo. "Las caricias manuales no deberan durar tanto", dice Serge, estudiante, de 27 años. "Así no es como me gusta llegar". Por otro lado (en sentido figurado), existen algunos hombres para quienes las caricias manuales funcionan, especialmente cuando son inesperadas.

* "Es una manera maravillosa de darle a un hombre un orgasmo intenso. Sí, mujeres, nosotros lo hacemos solos la mayoría del tiempo, pero cuando alguien nos toca de esa manera se siente espectacular". –Patrick, 41 años, profesional en mercadeo.

* "Las caricias manuales a veces son mucho mejor que el acto sexual o el sexo oral".
  –Jacques, 52 años, diseñador gráfico.

* "Siempre será mucho mejor que no tener nada. Si la mujer está cansada y no quiere practicar el sexo oral ni tampoco tener relaciones sexuales, entonces el hombre de todas maneras obtendrá algo; pero, asegúrate de usar ¡lubricante!". –Walt, 27 años, gerente de mercadeo.

* "La sorpresa es lo que lo hace especial. Cuando no lo esperas y ocurre, es maravilloso". –Bob, ingeniero, 28 años.

Comentario final: es supremamente erótico manosear a tu hombre estando ambos completamente vestidos, pero no temas utilizar tus manos cuando están completamente desnudos. "Es mucho más agradable cuando estás desnuda también", dice Mike, 23 años.

Las mejores caricias manuales

Entonces, ¿qué tipo de caricia manual debemos incluir en este "hall de la fama"? Tal como hicimos en el capítulo del sexo oral, les pedimos a nuestros encuestados que nos contaran cuál es la caricia manual más sorprendente que alguna mujer haya utilizado alguna vez. Sus respuestas pueden ser clasificadas en ocho categorías:

Bailó el tango a dos manos

Mientras una de las manos está ocupada, lo justo no es sentarse a observar la manicura de la otra. Involucra tus dos extremidades:

* "Con una mano me acariciaba el tronco, mientras ella tocaba mis testículos con la otra". –Malcolm, 34 años, gerente.

ÉL DICE

Tal vez "movimientos manuales" es un término equivocado. Se trata, en realidad, de acariciar manualmente a tu hombre (piensa en cualquier parte del cuerpo que nos sirva para este fin y sea diferente a los genitales). No existe ninguna regla que diga que debe ser realizado solo con la mano y enfocándose únicamente en el pene. La mano derecha puede estar en el pene y la izquierda en los testículos, mientras se dan algunos besos en el vientre. Todo se vale.

■ ■ ■ ■ ■

* "Utilizó ambas manos al mismo tiempo, con técnicas totalmente diferentes para cada una... ¡fue maravilloso!". –Sam, 52 años, músico.

* "Dos manos jalando hacia arriba y girando en la punta. Jamás jaló hacia abajo. Fue espectacular". –Jordan, 45 años, profesional en mercadeo.

* "Dos manos con movimientos envolventes, bien lubricadas". –John, 24 años, contratista.

* "Aceite con ambas manos". –Randy, 45 años, profesor.

Sirvió un buffet sexual

Obtuvimos respuestas similares a las relacionadas con el sexo oral: aquello que más recuerdan los hombres involucra las manos y la boca:

* "Me acariciaba y me besaba al mismo tiempo". –Bruce, 31 años, planeador financiero.

* "Combinado con sexo oral". –Joe, 59 años, consultor; Peter, 58 años, enfermero; Andy, 45 años, electricista; Pete, 51 años, artista; Chris, 34 años, ingeniero de *software*; John, 24 años, contratista; y muchos más.

* "Usó gran cantidad de saliva y mantuvo su boca y su cara muy cerca". –Serge, 27 años, estudiante.

* "¡Cuando su boca tomó el lugar de su mano!". –Ted, 44 años, gerente de logística.

No olvides el resto del vecindario: "La mejor experiencia fue cuando ella me acariciaba mientras tocaba otras partes de mi cuerpo (testículos, ano, etc.)". –Patrick, 41 años, profesional en mercadeo.

Dominaba su técnica

Para algunos hombres, las caricias manuales memorables están relacionadas con la técnica empleada por la mujer:

* "Me miraba a los ojos mientras me acariciaba como me gusta... mis manos estaban en sus senos... ¡maravilloso! Solamente una mujer me ha hecho llegar con sus movimientos manuales. Estupendo". –Marcus, 47 años, gerente general.

* "Todas las caricias manuales las llevó a cabo cuando aún tenía mis pantaloncillos puestos. Continuó acariciándome después del orgasmo. Aún me estremezco cuando pienso en el placer de ese momento". –Matt, 46 años, activista politico.

* "Nada extravagante, simplemente, aplicó los toques adecuados a la velocidad apropiada en la base y en la cabeza, las partes más sensibles. Me rodeó por debajo, por los costados y por todas partes. Es muy difícil de describir". –Simón, 36 años, programador.

* "Me acarició completamente con movimientos circulantes y hacia abajo, como si la estuviera penetrando". –Sam, 46 años, consultor de negocios.

* "Su manera de agarrarme con el pulgar y el índice fue muy interesante". –Paul, 29 años, estudiante graduado.

* "La palma de su mano estaba húmeda, se concentró en la punta y su técnica era como si estuviese amasando pasta". –Dave, 41 años, ejecutivo.

Tenía ritmo

En las mejores caricias manuales la mujer supo cómo definir un ritmo y mantenerlo constante. "Su presión era firme: empezaba lentamente y se aceleraba después; yo empecé a respirar con mayor rapidez", dice T. J., músico, de 42 años. "Ella supo cómo excitarme".

Ubicación, ubicación, ubicación

Para la mayoría de los hombres encuestados, la caricia manual más gloriosa fue llevada a cabo en lugares diferentes a la habitación:

* "Me acarició disimuladamente en público (en un teatro, o lugar similar)". –Patrick, 40 años, escritor.

* "En el puente Golden Gate". –Robb, 59 años, científico.

* "Me masturbó cerca a un lago en un día caluroso. Utilizó aceite bronceador y me llevó a la Luna". –Ben, 40 años, arquitecto.

* "Además de entrelazarse conmigo mientras realizaba las caricias manuales, lo cual es lo mejor; debo decir que no se trata de la técnica, sino del sitio en el cual ocurre, y mejor si es un lugar inesperado (como un teatro oscuro)". –Richard, 35 años, profesor.

* "Las caricias manuales mientras manejo son lo mejor". –Bob, 28 años, ingeniero.

Se acordó de la puerta trasera

Estas mujeres sabían que en ocasiones las áreas "tabú" producen más placer cuando se combinan sorprendentemente con una buena técnica manual:

* "Puso una película porno, se vistió muy sexy, y con una mano me acariciaba con lubricante mientras la otra estaba dentro de mí haciendo presión sobre mi próstata". –Rob, 45 años, consultor independiente.

* "Mientras me acariciaba con una mano, jugaba con mi ano con la otra". –Allen, 35 años, productor de películas.

Fue muy exótica

En algunas ocasiones, la técnica inesperada generó un tipo de caricia manual que quedó grabada en la memoria de nuestros encuestados:

* "Usó una extensión de silicona para el pene y me masturbó. Fue algo de locos". –William, 39 años, gerente de desarrollo de negocios.

* "Movía su cuerpo por completo recostada sobre el piso y sosteniendo mi pene con sus manos". –Luke, 32 años, estudiante.

* "Se sentó desnuda sobre mí mientras lo hacía". –Mike, 23 años, estudiante y empleado de restaurante.

* "Me masturbó mientras me dominaba diciendo cosas insensatas y pidiéndome que lamiera los dedos de sus pies". –Nigel, 31 años, científico.

* "Fue una masajista asiática que parecía saber mucho acerca de todos y cada uno de los nervios y músculos de la región de la ingle; pero también sabía cómo aprovecharlos al máximo". –Rob, 36 años, vendedor.

Ninguna de las anteriores

Finalmente, también tenemos algunos hombres que quedaron "fríos" después de la masturbación de sus parejas:

* "En realidad, nunca he tenido una experiencia excepcional". –Tom, 31 años, abogado.

* "Sí, claro". –Xavier, 40 años, ingeniero.

* "No hay nada que sirva". –George, 50 años, abogado.

Masturbación: le gusta mirar

Obviamente, la mejor manera de saber cómo le gusta a tu hombre que lo acaricien sería observándolo mientras lo hace. A la mayoría, el 47 % de nuestros encuestados, les encanta cuando los observas masturbándose y aprovechan la oportunidad para demostrarte sus técnicas favoritas. Sin embargo, 35 % de ellos dijo que, aunque no tienen nada contra el hecho de que los observes, tampoco creen que funcione. El 18 % restante, simplemente no se siente bien haciéndolo frente a ti.

Es muy triste que algunas personas hayan sido condicionadas para sentirse apenadas acerca del autoplacer. Probablemente él se sienta mal al reconocer que se masturba cuando tú no estás, pero la mayoría de los hombres emparejados felizmente lo hacen con frecuencia. Para que se sienta mejor te recomendamos movimientos como poner tu mano sobre la suya y dirigirla hacia su pene. Anímalo a que se masturbe hasta eyacular sobre tu estómago (a muchos hombres les encantaría tener la oportunidad de recrear esta escena de película). O podrías acompañarlo también masturbándote tu misma y animándolo a hacerlo con su cuerpo (acto también conocido como "masturbación mutua"). Demuestra tu interés y excitación y confírmale con esto que te encanta observarlo.

De hecho, hay muy buenas probabilidades de que a él también le guste observarte mientras te masturbas. Un sorprendente 82 % de nuestros encuestados dijeron que les excitaba ver a una mujer masturbándose. Ninguno de nuestros encuestados dijo preferir no verla.

¿Qué es lo que excita a los hombres cuando ven a una mujer masturbarse? Bueno, es tan simple como que ¡tu orgasmo los excita! "Me encanta ver cuando las mujeres se excitan y observan su clímax", dice Jordan, profesional en mercadeo, de 45 años.

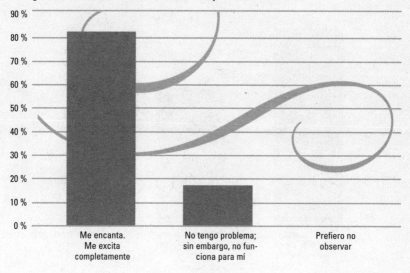

¿Cómo te sientes cuando ves a una mujer masturbarse?

- Me encanta. Me excita completamente
- No tengo problema; sin embargo, no funciona para mí
- Prefiero no observar

"También existe ese aspecto prohibido que me excita: saber lo que la excita a ella".

Patrick, escritor, de 40 años, comenta: "Para mí, es el hecho de verla y oírla mientras llega. Amo eso, pues, por lo general, no puedo evitar unirme a ella. A veces también me gusta cuando pone su mano sobre la mía y usa mi mano para masturbarse. Es muy instructivo".

"Es un acto muy íntimo", agrega Mike, estudiante y empleado de restaurante. "Puedes aprender mucho; además, mientras la persona observa no sientes presión por hacerlo bien. ¡Añade a esto todo lo que hace que los actos sexuales exciten!".

Varios hombres citaron la oportunidad de aprender como una de las razones principales por las cuales les encanta ver. "Puedes saber cómo ella alcanza el placer ideal sin tener en mente la idea de que debe 'compartir' o 'corresponder' ", dice Dan, agente de bienes raíces, de 38 años.

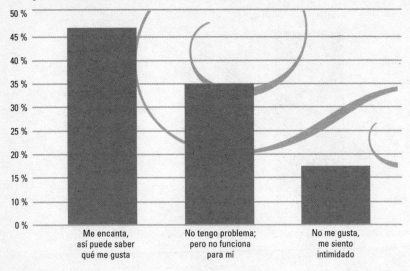

¿Cómo te sientes cuando una mujer te observa masturbarte?

Me encanta, así puede saber qué me gusta	No tengo problema; pero no funciona para mí	No me gusta, me siento intimidado

Deja que tus dedos hablen por sí mismos

Ya sabes que la mayoría de los hombres se orientan visualmente, y no hay nada que deseen más que ver la forma cómo te masturbas y revelas tu sexualidad. "Para mí, es la verificación de que en realidad ella disfruta de la actividad sexual por sus propios medios", dice Nigel, científico, de 31 años. Ambos se beneficiarán de una demostración a manos abiertas. Este no es momento para la timidez.

ÉL DICE

¿Sabes que a veces ambos están cansados para el sexo corriente, pero que, sin embargo, desean o necesitan llegar? Esta es una buena oportunidad para la masturbación mutua. Menos trabajo, los mismos resultados y se disfruta de la compañía de la otra persona.

■ ■ ■ ■ ■

"Me excito más cuando siento que la mujer está excitada. Entonces, es muy importante que la mujer se concentre en su propio placer".

—Randy, 45 años, profesor

CAPÍTULO SEIS

El acto central

En este capítulo, los hombres se pronuncian acerca del acto sexual como tal. ¿Les gusta que les hablen sucio durante el acto? ¿o prefieren que te quedes callada? ¿Cuáles son sus posiciones favoritas? ¿Cuál les gustaría intentar? ¿Son útiles los ejercicios de Kegel? (Si no sabes cuáles son los ejercicios de Kegel, tienes que poner atención a la explicación). ¿Debes informarle si no estás cerca del orgasmo?. Les pedimos que nos contestaran estas preguntas y muchas más.

Qué desean los hombres que las mujeres sepan acerca "del acto"

Si el hombre tuviese que escoger una sola cosa que quisiese que su compañera supiera acerca del acto sexual como tal, ¿cuál sería? Recibimos una gran variedad de respuestas, pero hubo una que fue repetitiva y contundente.

 Es más excitante cuando tú también estás excitada

A los hombres les encantan las parejas que disfrutan en la cama; es así de simple. Y los encuestados, al menos ellos, se toman su tiempo para poder saber si en realidad también estás disfrutando.

"Creo que siempre estoy tratando de averiguar si ella también la está pasando bien", dice T. J., músico, de 42 años. "A los hombres no les gusta cuando las mujeres, simplemente, se dejan hacer las cosas".

Muchos más estuvieron de acuerdo con T. J. y añadieron, además, que en realidad esperan que seas algo egoísta con respecto a tu propio placer, en parte por razones también egoístas. "Me excito más cuando siento que la mujer está excitada", dice Randy, profesor, de 45 años. "Por esto es muy importante que la mujer se concentre en su propio placer".

De hecho, no hay nada más desalentador que una pareja que tenga sexo por obligación. "El sexo debe ser divertido y no una tarea o un deber", dice Brian, empresario, de 37 años. Rob, de 36 años, agrega: "Simplemente, es inaceptable permanecer ahí acostada". No creas que puedes engañarlo fingiendo sentir pasión. "Tu compañero puede identificar cuándo tienes ganas y cuándo no", asegura Peter, enfermero, de 58 años.

Para todos los hombres de nuestra encuesta, parte de tu placer en la cama comienza por despojarte de cualquier rasgo de timidez que puedas tener. "La mujer debe abandonar sus inhibiciones y dejarse llevar", dice Marcus, gerente general, de 47 años. "No te preocupes por lo que pueda pensar, ¡compórtate de manera inesperada!". Cuanto más puedas olvidar tus temores y vivir el momento presente, mucho mejor.

"El sexo es una conversación entre dos cuerpos, y no deberá existir ningún tipo de pensamiento entre ellos", dice Andy, electricista, de 45 años. El sexo no es el momento adecuado para preocuparte de si tienes el cabello desordenado: "Cuanto más pervertida y sudada estés, mucho mejor", aconseja Rick, estudiante, de 27 años.

Sí, la demostración de verdadero entusiasmo vence cualquier técnica innovadora. "Lo que las mujeres deben saber es cuán [...] increíble es el sexo para el hombre", dice Patrick, profesional en mercadeo, de 41 años. "Y no existe posición 'mala' en cuanto los dos lo estén disfrutando".

 Ellos desean que lleguesen, en realidad TIP #2.

Los hombres no solo desean que tú disfrutes en la cama con ellos. También esperan que en realidad disfrutes de un clímax alucinante e incontrolablemente ruidoso. Repite después de nosotros: "Si me concentro en mi propio orgasmo no estoy siendo egoísta". "Las mujeres deben hacer de su orgasmo una prioridad porque el hombre, de cualquier manera, tendrá uno sin importar lo que deba hacer", dice Walter, gerente general, de 27 años. "Y, en realidad, me excita cuando escucho a la mujer llegar". Jordan, profesional en mercadeo, de 45 años, afirma: "No te contengas, veamos cuántas veces puedes llegar. Yo puedo hacerlo una sola vez, entonces relájate y disfruta. Lo más sexy que puedes decir es 'estoy llegando' ".

Para ellos significa mucho

A pesar de todo lo que escuchemos y veamos en los medios de comunicación acerca de los hombres y el sexo, "los hombres no solamente están allí para disfrutarlo", dicen algunos, como Sam, músico, de 52 años. Jack, diseñador gráfico, también en sus cincuenta, coincide con él al afirmar: "Nos interesa mucho más que eso, en realidad". Steve, estudiante, de 27 años, agrega: "Hay mucho más en juego que el simple acto sexual". Al mismo tiempo, hombres como Pete, vendedor, de 42 años, nos recuerda que el sexo "no siempre significa compromiso".

 La variedad es la esencia de la vida

Si en realidad tienes muy buena conexión con tu pareja, vale la pena mezclar las situaciones de vez en cuando. Un concepto muy común entre los encuestados es que la variedad es la clave para mantener la excitación del sexo. "Cuando se practica la misma posición una y otra vez, el sexo se torna aburrido y monótono", dice Claude, músico, de 34 años. Por tanto, no sientas miedo de sorprenderlo de vez en cuando. "Es muy divertido ensayar diferentes posiciones antes de terminar", comenta Patrick, escritor, de 40 años.

ÉL DICE

Si los hombres solo quisiéramos "llegar" nos quedaríamos en el sofá observando porno mientras nos acariciamos los testículos. Sin embargo, nos tomamos el esfuerzo de bañarnos, llevarte a comidas, clubes o fiestas elegantes y fingir interés por lo relacionado contigo y tus temores; porque cuando se trata del sexo, es mejor contigo que con nosotros mismos.

■ ■ ■ ■ ■

Sin embargo, no te presiones por anotar un nuevo hallazgo en la historia sexual cada vez que haces el amor. "No todas las ocasiones son un pináculo atlético de dicha romántica donde practicas todos los actos previos del sexo en la historia del universo", dice Robert, abogado, de 39 años. "Hay ocasiones en las cuales, simplemente, tener sexo es divertido".

Las posiciones extravagantes del *Kama Sutra* son inútiles si no hablas con tu pareja acerca de lo que te excita en la cama. "La comunicación es la clave", dice Allen, productor de películas, de 35 años. Los encuestados desean que los guíes hacia tus zonas de placer. "Sé muy honesta con respecto a lo que deseas, de modo que podamos saber qué es lo que necesitas", aconseja Dave, ejecutivo, de 41 años. J. B., ingeniero de *software*, de 50 años, dice: "No debes fingirlo, estoy seguro de que podemos encontrar la manera de que llegues, ayúdame a hacerlo".

 La comunicación es la clave

Con respecto a esto, si estás cerca del clímax, ¡hazle saber, de cualquier manera, lo que estás sintiendo! "Me gusta que las mujeres me hablen, me gusta conocer en dónde se encuentran", dice Brian, productor de películas, de 29 años. "Si está por llegar, me gustaría enterarme para calcular el momento y llegar al mismo tiempo que ella".

De hecho, hablando claro, es más probable que logres hacer un buen cálculo. Ted, gerente de logística, de 44 años, dice: "Créeme, amor, me gustaría durar contigo por siempre, y sería maravilloso si los dos lográramos llegar al mismo tiempo; pero soy un ser humano (¡hombre!), y puedo perder el control si no hablamos y nos mantenemos informados". A la mayoría de los hombres les gustaría que estos momentos durasen mucho más, dice Simón, programador, de 36 años, "pero nuestros reflejos requieren de comunicación adicional para que eso suceda". Infórmale tú también si lo que deseas es una sesión rapidita o, más bien, un momento más duradero. "Danos una clave para saber cuánto deseas que nos dure esta sesión", es lo que pide Richard, profesor, de 35 años, y "después ayúdanos para que esto suceda, puesto que las diferentes técnicas afectarán la duración de nuestro momento". Recuerda que también eres humana y que, por tanto, será adecuado si lo alertas sobre el hecho de que te estás quedando sin vapor (obviamente, de buena manera). "De cualquier modo, cuéntanos cuando sientas que ha sido suficiente para ti", dice David, administrador de sistemas, de 43 años. Álex, gerente, de 32 años, coincide al decir que "debes avisarnos cuando te sientas cansada o adolorida".

Finalmente, pero no menos importante, no olvides que comunicarte no significa dar instrucciones, puesto que también implica contar cuánto estás disfrutando del momento. "Relájate, actúa de forma desprevenida, grita, habla sucio, no aparentes", les dice Rob, consultor independiente, de 45 años, a las mujeres, para animarlas. "Hacer ruido es ideal", dice Mike, estudiante y empleado de restaurante, de 23 años. "Siente la libertad de gritar".

 TIP #6: Toma la iniciativa Aunque este tema ya lo hemos discutido, vale la pena decirlo nuevamente: la mayoría de los hombres desean que tú des el primer paso de vez en cuando. "Me excita cuando la mujer toma la iniciativa", dice Chris, ingeniero de *software*, de 34 años. "Me gustaría que las mujeres supieran cuándo deben encargarse del asunto (o que pueden hacerlo con mayor frecuencia)", agrega Ted, asistente de producción, de 27 años.

Piensa cuán agotador sería si tuvieses que dar siempre el primer paso o ingeniarte nuevas maneras de poner picante a las situaciones. "Siempre estamos buscando nuevas ideas", dice Paul, estudiante universitario, de 29 años. "Toma de vez en cuando la iniciativa".

Está casi garantizado que lo que tú sugieras nos encantará". Tal como lo señala Boris, director creativo, de 43 años: "Experimentar es agradable. Ensaya posiciones diferentes y turnémonos para tomar la iniciativa".

Si te haces al control, también te asegurarás de obtener más de lo que en realidad deseas en la cama, y es poco probable que tu hombre, si es sensible, se niegue a proveerte tu propio placer. "Me encanta cuando la mujer controla la velocidad", dice Matt, activista político, de 46 años. "Soy muy sensible a sus necesidades, y si es ella quien toma el control podré saber que no voy demasiado rápido ni demasiado fuerte y que ella está lo suficientemente lubricada".

 Define tu propio ritmo

Recuerda que, cuando se trata de sexo, el ritmo es importante. Si deseas hacer el amor durante un largo tiempo, empieza despacio. "Si vamos despacio, puedo durar tanto como tú desees", dice William, gerente de desarrollo de negocios, de 39 años. "Si deseas que te golpee rápidamente y con fuerza desde el mismo momento en que empezamos, entonces tendremos un evento mucho más corto". Después de todo, tal como nos lo recordó Gene, escritor, de 64 años: "No hay afán". Recuerda que tu compañero es un ser humano, no una máquina. "Yo podría simplemente hacerlo durante horas y horas", dice Robb, científico, de 59 años.

 ¡Hazlo frecuentemente!

Si deseas incrementar las probabilidades de que el acto con tu compañero dure un largo rato, aumenta la frecuencia del sexo. Un hombre al cual se le ha privado del botín (lo que se conoce como "demanda contenida" en términos comerciales) no podrá estar contigo durante el mismo tiempo que aquel que lo recibe regularmente, según lo comentaron nuestros encuestados. "Si no lo haces con la suficiente frecuencia, el tiempo que toma un hombre en eyacular es cada vez más corto en cuanto más pasa el tiempo", dice Clay, oficial de control animal, de 31 años. "Por tanto, para maximizar su placer, ella debe buscarlo con mayor periodicidad".

P. B., cazador de talentos corporativos, de 51 años, lo dice sin rodeos: "Cuando se trata del sexo, más es mucho mejor".

A diferentes hombres les gustan diferentes cosas

La mayoría de los comentarios que recibimos no pudimos agruparlos en ninguna de estas categorías. Para que valgan la pena, presentaremos algunos puntos que los hombres quisieran que tú supieras acerca del acto sexual:

✱ "El acto sexual es solamente parte de todo el juego de la seducción. Alterna entre el acto sexual y el sexo oral, trabaja con otros sentidos como el tacto (caliente/frío), el gusto, etc.". –Bob, 28 años, ingeniero.

✱ "El acto sexual es mejor en la tarde, cuando ya estás descansando, mas no durmiendo, sobrio, consciente y con cierta cantidad de luz natural para poder explorar". –Ned, 48 años, abogado retirado.

✱ "Es un momento visual para los hombres. No siempre puedo hacerlo en la oscuridad". –Oliver, 42 años, educador.

✱ "El buen sexo también puede ocurrir cuando tienes el periodo. Las mujeres con las cuales lo he hecho dicen que es formidable". –Ben, 40 años, arquitecto.

✱ "El contacto con la pelvis es casi lo más importante para la satisfacción femenina... los golpes son lo que cuenta... no simplemente la eyaculación. No. Espera. Creo que eso es lo que los hombres debemos saber". –Pete, 51 años, artista.

* "La lubricación es ideal –Malcolm, 34 años, gerente".

Posiciones favoritas

Pedimos a los hombres que mencionaran su posición favorita para el acto sexual. Creímos que todos iban a nombrar la posición del misionero, es decir, cuando él está encima, pero, asombrosamente, prefieren que tú lo estés, o hallarse detrás de ti mientras te apoyas sobre manos y rodillas.

Las mujeres encima

¿Crees que tu hombre se siente amenazado si estás encima y saltando sobre él por un buen rato? Imagínalo de nuevo. El 30 % de los hombres que respondió nuestra encuesta citó a "la mujer encima" como su posición favorita. Sus razones se clasificaron entre algunas categorías generales: Primero que todo, presentémoslas:

ÉL DICE

La lubricación puede ser útil para retardar la eyaculación. Si estás lubricada, no hay mucha fricción y, por tanto, tu sesión de amor ipuede durar mucho más!

■ ■ ■ ■ ■

¿Cuál es tu posición favorita para el acto sexual?

* "Gran penetración. Ella es más activa que en el estilo misionero y puedo ver y tocar sus senos". –William, 39 años, gerente de desarrollo de negocios.

* "Puedo verla. La visión de una mujer desnuda sentada sobre mí es increíblemente erótica". –T. J., 42 años, músico.

* 1. "Ella se estimula mejor; 2. Puedo verla mejor; 3. Puedo aguantar más; 4. Ambos nos podemos mover mucho más". –Nigel, 31 años, científico.

* "Disfruto cuando puedo ver su rostro y coger sus senos". –Scott, 29 años, estudiante.

* "Me encanta observarla mientras me golpea, se acomoda como más le guste y se excita". –Paul, 29 años, estudiante graduado.

* "Me encanta cómo se ven el rostro y el cuerpo de la mujer en esa posición, y, además, puedo coger con mis manos y mi boca todas las partes de su cuerpo que desee: su cabello, sus senos, su estómago, sus caderas...". –Richard, 35 años, profesor.

Los hombres también notan —y les agrada— cuánto placer te provee esta posición:

* "Las mujeres, por lo general, tienen más éxito con los orgasmos cuando están encima, y eso me libera de gran cantidad de presión emocional. –Robert, 39 años, abogado.

* "Hay control corporal, visual, de los senos, mejor penetración y la mujer es quien domina". –Sam, 52 años, músico.

* "Mi novia se excita con esta posición". –Kelly, 27 años, estudiante graduado.

* "Porque es la manera más fácil de excitar a una mujer. Los hombres se excitan por naturaleza... es cuestión de tiempo". –Pete, 51 años, artista.

* "Probablemente, porque esta posición permite que la mujer tenga más control sobre lo que siente, y es maravilloso ver cómo ella se retuerce sobre ti de placer. Además, es espectacular para el hombre sentir ese grado de penetración". –Rob, 36 años, vendedor. No te equivoques, a él también le encanta cuando estás encima. "Creo que es la posición que provee mejor contacto y presión para mí", dice Joe, consultor, de 59 años.

Entrada posterior

A un número igual de hombres —el 30 % de nuestra encuesta— le encanta llegar dentro de ti, pero por detrás. Sus razones fueron varias, dentro de las que predominó la vista que obtienen desde esa posición:

* "Me deleita sostener su cadera mientras observo cómo mi miembro entra y sale".
  –Malcolm, 34 años, gerente.

* "Me fascina ver sus nalgas y mi pene saliendo y entrando de su vagina". –John, 24 años, contratista.

* "Me encanta verme entre su nalgas y que ella voltee a mirarme". –Morgan, 27 años, analista financiero.

* "Me gusta ver el botín". –Ron, 29 años, estudiante.

* "Puedo ver cómo mueve su cadera; esta posición me da más libertad para moverme". –Simón, 36 años, programador.

También algunos mencionaron las sensaciones placenteras que obtienen (y, nuevamente, la vista desde esta posición):

* "Se siente muy bien. Puedo agarrar esas nalgas y ¡venirme!". –Xavier, 40 años, ingeniero.

* "Simplemente, se siente increíble, la presión es justa, sus nalgas están allí y sus senos siguen siendo asequibles". –Andy, 45 años, electricista.

* "Placer físico, gran vista del cuerpo femenino y, además, puedes hacer muchas cosas desde esta posición". –Serge, 27 años, estudiante.

* "Es la posición que mejor sensación genera y me encanta poder ver las nalgas de la mujer". –Walt, 27 años, gerente de mercadeo.

* "Es totalmente diferente a cualquier otra posición. Me encanta ver las nalgas de la mujer y su espalda. ¡Es animal!". –Ben, 40 años, arquitecto.

* "Es, por lo general, la que más aprieta". –Brian, 29 años, productor de películas.

Para algunos hombres, la entrada posterior genera mayor control (y, ¿adivina qué?, una gran visión):

* "Me toma cierto tiempo eyacular; por tanto, me permite controlar la velocidad y el ritmo. Además, me encanta agarrar sus nalgas mientras la penetro". –Bruce, 31 años, planeador financiero.

* "Tiene la sensación de ser atrevido, y tengo más control". –Allen, 35 años, productor de películas.

* "Poder, visión y control". –Dan, 38 años, agente de bienes raíces.

Y para otros hombres poder ver tus nalgas es lo que más los excita (en otras palabras, les encanta esta vista):

✱ "Soy el chico de las nalgas". –Tom, 31 años, abogado.

✱ "¡Me encanta el trasero de las mujeres!". –J. B., 50 años, ingeniero de *software*.

Explicación semicientífica

Recurrimos a nuestro amigo, el brillante antropólogo Timothy King, y le preguntamos lo que piensa acerca de la mayor preferencia de los hombres por ciertas posiciones, como la entrada posterior o la de la mujer encima, que por la del misionero. Según su punto de vista, lo que ocurre es lo siguiente: como especie, estamos predeterminados para la entrada posterior, pero, como hemos evolucionado, preferimos las posiciones en las cuales las dos personas podamos vernos las caras.

"El estilo perrito", dice el Dr. King, "es la posición mamífera por omisión. Nuestro cuerpo es adecuado para ella y se ha adaptado durante millones de años (como mamíferos), por tanto, es muy común que sea placentera".

Por otro lado, las posiciones del misionero y de la mujer encima son nuevas formas de tener sexo. (Los chimpancés y bonobos, nuestros parientes más cercanos en la evolución, también tienen sexo en esta posición). ¿Cuál es la razón? "En el mundo primate, el sexo no solo se utiliza para la reproducción, sino también para crear lazos sociales", dice el Dr. King. "Las estadísticas indican que solamente un pequeño porcentaje de los encuentros sexuales entre humanos, chimpancés y bonobos tiene fines reproductivos". Más claramente: los humanos contamos con el sexo para crear lazos sociales, por lo que estamos programados para tenerlo durante más tiempo que cualquier otro mamífero. Nuestro cuerpo se ha venido acomodando para poder disfrutar de sexo más duradero y más placentero.

"Como el sexo se hace para crear lazos sociales y nosotros, los humanos, hemos evolucionado para ser realmente buenos en este aspecto", dice el Dr. King, "hemos creado, además, diferentes posiciones que nos permiten el contacto visual cara a cara y crear lazos mientras nos miramos uno a otro".

En este punto, la teoría científica se torna interesante. Según el Dr. King, algunos investigadores han propuesto que los senos femeninos humanos son grandes (comparativamente) y actúan como señales visuales debido al giro que dimos desde la posición estilo perrito hacia otras. "La idea es que el trasero de la mujer, cuando está flexionado, es universal e innatamente excitante", dice el Dr. King. (Si no le crees, vuelve al capítulo 2, página 29, donde descubrimos que una gran mayoría de los hombres piensan que tus nalgas son la parte más sexy de tu cuerpo).

¿Qué pasa si decides olvidarte del sexo de entrada posterior? Como el sexo cara a cara es importante para crear lazos sociales, por lo que es mucho más íntimo que la posición del perrito, la propuesta es que los senos han tomado la excitante forma de las nalgas. (Nuestro pariente inmediato en la escala de la evolución, dice el Dr. King, en realidad no tenía senos muy visibles). Otra teoría afirma que los senos se han transformado en una nueva señal: hace mucho tiempo, los senos difícilmente excitaban, pero en la actualidad amplifican la señal erótica y son tan excitantes como las nalgas, lo que hace que el sexo cara a cara sea muy atractivo.

Según esta línea de pensamiento, las posiciones del misionero y de la mujer encima son interesantes para los hombres en la misma medida. Pero, ¿por qué nuestra encuesta demuestra algo totalmente diferente? "Creo que se trata de asuntos culturales", dice el Dr. King. No es sorprendente que el estilo perrito esté en la cima de la lista. "El estilo misionero es visto como antiguo y poco atrevido. Tal vez el estilo de la mujer encima tenga la misma dinámica cara a cara, ¡pero es más novedoso en la cultura moderna! La posición con la mujer encima es más interesante que el estilo misionero, tiene las mismas señales visuales (para los hombres), y no es el mismo sexo insípido que tus padres tuvieron. Eso es lo que creo".

Sin preferencias (todo es bueno)
Obviamente, para algunos hombres todas las posiciones son adecuadas, según lo indicó el 21 % de nuestros encuestados.

* "Me gustan todas las posiciones que me permiten ingresar a profundidad: como sus piernas en mis hombros, sus rodillas juntas y sus pies sobre mi estómago, el estilo perrito, una pierna arriba y la otra abajo, etc.". –Patrick, 40 años, escritor.

* "Me encanta la sorpresa y la variedad". –Sam, 46 años, consultor de negocios.

* "No tengo preferencias, todo depende de la mujer y de la forma como nuestros cuerpos funcionen juntos". –David, 43 años, administrador de sistemas.

* "No escogí uno en especial. Todo realmente depende del contexto".
–Gene, 64 años, escritor.

* "Todos son buenos". –Jacques, 52 años, diseñador gráfico.

ÉL DICE

Me siento obligado a penetrarla en la posición "77", descubierta por Cynthia cuando la vio en la portada de la revista *Cosmopolitan* de noviembre de 2005. Básicamente, es la "cucharita", pero mucho menos inocente. Debes acostarte de costado y tu chico se acostará al lado tuyo. Luego, enroscas tu pierna superior alrededor de la suya y lo jalas mientras te penetra; entonces se flexionan ambos a la altura de la cintura cambiando el ángulo de penetración de modo que su miembro llega a tu punto G. ¿Ya ves por qué soy la envidia de mis amigos, quienes aún piensan que la vida en mi casa es sencillamente una maratón sexual?

■ ■ ■ ■ ■

* "Hay variación; a veces un estilo funciona mejor que otro". –Jordan, 45 años, profesional en mercadeo.

* "Me gustan todas y, simplemente, las varío cada cierto tiempo". –Bob, 28 años, ingeniero.

Estilo misionero

Solamente un 7 % de nuestros encuestados dijeron preferir el estilo misionero, principalmente por el control que ofrece:

* "Porque también nos podemos tocar el pecho mutuamente". –Luke, 32 años, estudiante.

* "Ofrece mejor control". –Robb, 59 años, científico.

* "Puedo penetrarla con profundidad, fuerza y ¡tan duro como quiera! Tengo el control, y me gusta que sea así". –Marcus, 47 años, gerente general.

* "Es la posición que me produce mayor placer". –Álex, 32 años, gerente.

De costado

Algunos hombres disfrutan del sexo acostados de lado (en posición cucharita). "Me permite utilizar mis manos, es más lento y más cómodo", dice Chris, ingeniero de *software*, de 34 años.

Otras posiciones

El 10 % de nuestros encuestados no pudieron escoger una sola posición ni tampoco nos presentaron una lista de sus posiciones favoritas:

* "El misionero es el número uno porque me siento físicamente mejor y es más íntimo. El perrito es agradable porque se siente muy bien y, asimismo, es algo 'atrevido'. Además, la vista que genera es increíble. De costado es un estilo maravilloso para iniciar la mañana; puede ser muy suave y, mientras tanto,

puedes frotar algunas partes con tus manos". –Patrick, 41 años, profesional en mercadeo.

* "Es más importante lo que la mujer prefiera. Cuanto más disfrute y se excite, mayor placer obtengo yo". –Randy, profesor, 45 años profesor.

* "La mujer abajo, pero con sus piernas a ambos lados de mi cabeza. Puedes penetrarla profundamente y además ver sus nalgas". –Mike, 23 años, estudiante y empleado de restaurante.

* "El hombre abajo recostado sobre su espalda y la mujer en sentido opuesto". –John, 40 años, contratista.

* "La variedad es lo mejor. Repetir la misma posición es muy aburrido". –Boris, 43 años, director creativo.

* "Ella al costado, yo arrodillado. Se siente muy bien". –Greg, 35 años, ingeniero.

* "Trabajo con lo que ella necesite. Si funciona para ella, obtendré lo que necesito". –Dave, 41 años, ejecutivo.

Lo que a él le encantaría ensayar

Con respecto a las posiciones que a él le gustaría ensayar, las respuestas estaban todas escritas, y muchos hombres respondieron que no podían escoger una sola porque les encantaría intentarlas todas. De hecho, nuestros encuestados son un grupo de hombres de mente abierta a quienes les gusta experimentar. Ellos hicieron eco a los sentimientos de Mike, estudiante y empleado de restaurante, de 23 años: "Honestamente no creo que haya una que yo no haya intentado, pero si la mujer tiene alguna idea, la ensayaré". Marcus, gerente general, de 47 años, agregó: "Creo que ya las he intentado todas... sentados, parados, la chica vaquero al revés, de costado, ¡dime cuál! Cuando observo las posiciones del *Kama Sutra*, hay algunas que, simplemente, no parecen muy cómodas, por eso no las intento".

Ya que mencionamos el *Kama Sutra*, un par de hombres expresó su deseo de explorar las posiciones que describe ("pero debo mejorar mi flexibilidad primero", dice Jordan, profesional en mercadeo, de 45 años), por tanto, muchachas ¡a buscar una copia ahora mismo!

Varios hombres mencionaron que les encantaría ensayar el sexo anal, y, al menos uno de ellos confesó que sería una fantasía estando en el costado receptor del consolador de su novia.

Algunos hombres dijeron que les encantaría ensayar posiciones de pie. "Lo he hecho y me encanta", dice Ted, asistente de producción, de 27 años. Patrick, escritor, de 40 años, dijo que el sexo de pie es una de las pocas posiciones que no ha experimentado. "Soy muy afortunado en el sentido en que he ensayado gran cantidad de posiciones divertidas", dice.

Algunos de nuestros encuestados expresaron su deseo de incluir sus muebles en sus posiciones sexuales. T. J., músico, de 42 años, dijo que le encantaría ensayar "sentado sobre una silla con ella sobre mí en posición de montar a caballo", mientras que Kelly, estudiante graduado, de 27 años, dijo que le encantaría intentar "con ella sobre mí mirando hacia afuera mientras yo estoy sentado sobre una silla".

Algunos hombres también mencionaron variaciones de las posiciones comunes: "Me encantaría ensayar la entrada trasera contra un espejo en la pared de modo que pueda acariciar suavemente sus senos o tocar su clítoris con el dedo, acariciar y admirar su hermosa espalda femenina y, al mismo tiempo, poder mirarla a los ojos y ver todas sus partes que tanto me gustan", dice Richard, profesor, de 35 años.

Obviamente, ninguna encuesta estaría completa sin algunas respuestas estrafalarias (dependiendo de tu punto de vista). Los hombres mencionaron que les encantaría ensayar posiciones como "el perrito aéreo", "flotar en gravedad cero", "parados sobre una hamaca", "estilo carretilla", "de cabeza", y "el columpio colgante y las sillas ergonómicas". Un hombre describió su deseo de ensayar una posición que definí como "la mujer parada de cabeza con la espalda contra el sofá, las piernas flexionadas con los pies a ambos lados de la cabeza". (No nos menciona si los pies van a ambos lados de su cabeza o de la de él).

El sitio es lo importante

¿En dónde quieren ellos tener sexo? Manos abajo, ellos prefieren la habitación: el 52 % de los hombres en nuestra encuesta la escogieron como su lugar favorito para hacer el amor. Ellos mencionaron la comodidad, la familiaridad y la conveniencia como las razones principales para su escogencia. "Es muy fácil cambiar de posición, y, además tus rodillas no te dolerán", dice T. J., músico, de 42 años. Randy, profesor, de 45 años, añade: "Es suave, íntimo y familiar". Para algunos hombres, la habitación es el lugar más romántico de la casa: "Los demás sitios pueden ser excitantes y eróticos, pero la habitación es el mejor lugar para hacer el amor", dice Jordan, profesional en mercadeo, de 45 años. Este es un sentimiento que J. B., ingeniero de *software*, de 50 años, comparte al decir que "no hay nada mejor que hacer el amor a la mujer que amas en tu propia cama". De hecho, el sexo en sitios públicos no emociona a la mayoría de nuestros encuestados. "El nerviosismo por ser descubierto en el acto es fuente de ansiedad", dice Robert, abogado, de 39 años.

Y con la experiencia y la madurez también se genera la apreciación por la comodidad. Sam, consultor de negocios, de 46 años, dice que prefiere la habitación porque "ya soy un adulto y me encanta saber que no tengo que recurrir a los automóviles, las habitaciones de hotel y sitios similares para encontrar un sitio privado". William, gerente de desarrollo de negocios, de 39 años, destacó sus posibilidades eróticas: "Si has creado la habitación adecuada, este será el lugar más sensual para hacer el amor. Es privada y puedes decorarla con velas, pintura de colores, una gran cama, etc.".

El siguiente sitio más popular para hacer el amor está relacionado con el aire libre: el 12 % de nuestros encuestados dijo que les encantaba estar al natural en sitios como la playa o acampando. "Los lugares al aire libre son muy excitantes", dice Dave, administrador de sistemas, de 43 años, mientras Jack, diseñador gráfico, de 52 años, dice que "la mejor experiencia erótica que he tenido en toda mi vida ocurrió al aire libre".

¿Y qué hay mejor que ponerse romántico en una habitación cuyo punto central es la cama? Esto es lo que otro 11 % de nuestros encuestados estaba pensando cuando escogió los hoteles como su sitio favorito para el romance. "Puedes hacer todo el ruido y el desorden que desees", dice Mike, estudiante y empleado de restaurante, de 23 años. "Si estás de vacaciones, probablemente no tendrás ninguna restricción. Tienes cama y ducha".

Si estás en casa y te encuentras cansado de la cama, encontrarás la sala, mencionada solo por el 3 % restante de nuestros encuestados. "Aprovecha sus posibilidades eróticas", según lo recomienda Rob, consultor independiente, de 45 años: "Tendrás velas, chimenea, un televisor de 57 pulgadas para ver porno, hay muchos muebles sobre los cuales recostarse, y, además, espacio para que ella baile para mí". Obviamente, también existe la posibilidad de que se exciten tanto que no alcancen a llegar hasta la habitación: "Creo, simplemente, que nos quedamos en la sala cuando nos dejamos llevar, y, según mi experiencia, me parece mucho más excitante", dice Simón, programador, de 36 años.

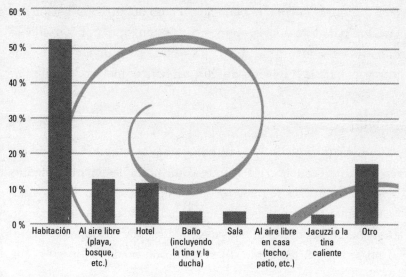

¿Cuál es el sitio favorito para el sexo?

Habitación · Al aire libre (playa, bosque, etc.) · Hotel · Baño (incluyendo la tina y la ducha) · Sala · Al aire libre en casa (techo, patio, etc.) · Jacuzzi o la tina caliente · Otro

¿Y qué decimos de los hombres que contestaron "otro" cuando les preguntamos acerca de su sitio favorito para el sexo? La mayoría hizo eco a la opinión de Claude, músico, de 34 años, quien dijo que "cualquier lugar es bueno, ¡soy un hombre!". Para estos hombres, la espontaneidad es el elemento más importante. "No me gusta que el sexo siempre ocurra en la misma parte, creo que la espontaneidad y la sorpresa son muy sensuales y, por eso, me encanta variar el sitio", dice Richard, profesor, de 35 años.

Puede ser que los hombres tengan un lugar favorito para el sexo, pero, en realidad, ¿en dónde lo han hecho? El sitio más común fue, sin sorpresas, la habitación (todos los hombres que contestaron nuestra encuesta lo han hecho allí), seguido por el baño (incluyendo la tina y la ducha), un hotel, y la sala. Menos popular entre nuestros encuestados fueron los sitios públicos, la oficina y la zona de lavandería (aparentemente las vibraciones de la lavadora inhiben a los hombres).

Otros sitios para el amor, mencionados por nuestros encuestados, fueron: la cocina, el baño de un club nocturno, un salón vacío, los paraderos de camiones, un avión, "un trancón con la cubierta del convertible abajo", sobre una cima de abrigos en un armario, bajo la lluvia, en un bus, un bote e, incluso, ¡la iglesia!

¡Habla!

Ya lo habíamos dicho, y lo diremos nuevamente: a los hombres les encanta escuchar los sonidos que produces cuando sientes placer. La mayoría de nuestros encuestados dijo que les encantaba escuchar tus gemidos y quejidos cuando estás en la cama con ellos. Además, desean que les des muchas instrucciones en cuanto no te comportes como un sargento despiadado; quieren que

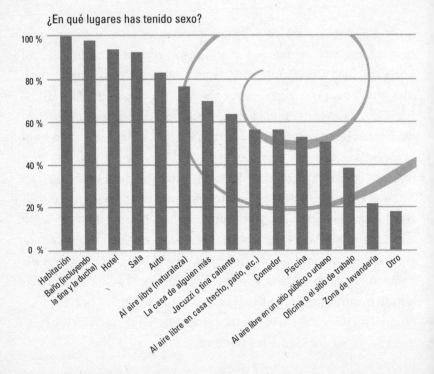

¿En qué lugares has tenido sexo?

les digas qué te gusta. "Los gemidos son buenísimos, pero las instrucciones son mucho mejores", dice Richard, profesor, de 35 años. (Por favor, ten en cuenta que ni uno solo de los hombres de nuestra encuesta desea que permanezcas completamente en silencio, aunque para algunos es muy sexy cuando intentas mantenerte callada y no puedes).

Hablando de instrucciones, ¿cuál es la mejor manera de demostrarle a un hombre lo que deseas en la cama? (Y ellos desean que les indiques lo que deseas; nuevamente, ni un solo hombre confesó desear que te abstuvieras de dar instrucciones). A la gran mayoría (70 %), les encanta cuando mezclas las indicaciones verbales ("un poco a la derecha... sigue... ¡ahí!... ¡Oh, Dios, ahí!") con las no verbales, como gemidos, quejidos o cualquier otro tipo de gesto que te ayude a alzar las velas mientras él te lleva a un maravilloso viaje a la Luna.

La verdad acerca de los orgasmos

Gran cantidad de mujeres, o tal vez la mayoría, piensan que es mejor fingir que están pasando un buen rato, pues, de lo contrario, sus parejas pensarán que algo falla y las culparán, incluso hasta el punto de terminar con la relación. Pues bien, muchachas, les tenemos buenas noticias: los hombres desean que les cuentes cuándo en realidad estás lejos de tener un orgasmo. De nuestros encuestados, el 98 % desea que le cuentes lo que ocurre para poder complacerte. ¡Qué alivio! Solo el 2 % dijo no importarle. Pero, no olvides la trascendencia de una buena comunicación, y hazle saber cuándo estás pasando un buen momento, incluso, si no hay probabilidades de sentir un orgasmo.

Si no lo vas a sentir, no lo finjas

Sin importar lo que hagas, no finjas. El 82 % de los hombres que encuestamos dijo que no es buena idea que finjas los orgasmos

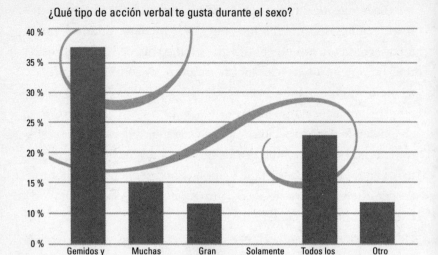

¿Qué tipo de acción verbal te gusta durante el sexo?

Categoría	Porcentaje
Gemidos y otros sonidos no verbales	~37 %
Muchas instrucciones	~15 %
Gran cantidad de obscenidades explícitas	~11 %
Solamente nuestros cuerpos	0 %
Todos los anteriores	~23 %
Otro	~11 %

porque pueden pensar que te gusta algo que en realidad no te produce placer. Y una vez ellos crean que algo te agrada, va a ser muy difícil que detengas a tu hombre en medio de la acción y le digas: "Ahhh, olvidé decirte que esto jamás ha funcionado para mí".

Sin embargo, es muy interesante reconocer que más de la mitad de los hombres de nuestra encuesta aceptó haber fingido un orgasmo. (¿Por qué no se enteraron sus compañeras?). Sus razones para hacerlo pueden sonar algo familiares: estaban cansados, aburridos o borrachos, o se sentían presionados y querían terminar rápidamente sin herir los sentimientos de sus compañeras. Acá presentamos algunos de sus comentarios cuando les pedimos más detalles:

✱ "En realidad no 'finjo' orgasmos, pero a veces, simplemente, sé que no voy a eyacular (por lo general, porque ya he llegado varias veces o estoy demasiado cansado); por eso, disfruto la

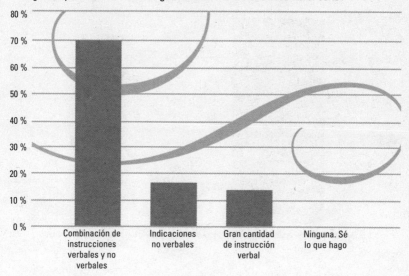

¿Qué tipo de instrucción te gusta escuchar de ella durante el sexo?

sensación, gruño como siempre lo hago y listo". –Patrick, 40 años, escritor.

* "En mi primera vez yo no iba a llegar, pero no quería abandonar así la situación". –Mike, 23 años, estudiante y empleado de restaurante.

* "En ocasiones tardas cierto tiempo en llegar o, simplemente, no vas a llegar porque estás deshidratado o algo así y puede ser que ella se sienta adolorida; además, algunas mujeres se ponen algo 'extrañas' (se sienten inferiores) cuando la pareja no llega. Utilizar un condón es la mejor opción. No quiero ser hipócrita después de contestar que no creo que esté bien que las mujeres finjan el orgasmo simplemente porque me ha pasado tan pocas veces que no recuerdo alguna en la que haya tenido sexo y no me haya sentido satisfecho". –Nigel, 31 años, científico.

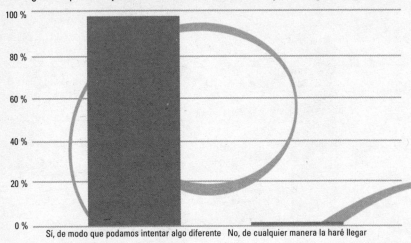

¿Crees que la mujer debería avisarte cuando está lejos de llegar al orgasmo?

100 %

80 %

60 %

40 %

20 %

0 %

Sí, de modo que podamos intentar algo diferente   No, de cualquier manera la haré llegar

* "Esa mujer era tan mala en la cama que yo tuve que hacer todo el trabajo. Me sentía cansado y tuve que fingirlo". –Bruce, 31 años, planeador financiero.

¿Es adecuado que la mujer finja el orgasmo?

90 %

80 %

70 %

60 %

50 %

40 %

30 %

20 %

10 %

0 %

¡No! No quiero creer que le gusta   Sí, no hay problema
algo que en realidad no le gusta

* "Ella parecía querer hacerme llegar, pero yo estaba muy cansado". –T. J., 42 años, músico.

* "Para terminar cuando no estaba disfrutando del momento". –Sam, 52 años, músico.

* "Estaba muy cansado para continuar. Esto solo me ha pasado dos veces en la vida: la primera fue después de haber llegado dos veces y como estaba cansado creí que no valía la pena realizar un esfuerzo para llegar una tercera vez. La segunda fue después de la cirugía de la espalda bajo la influencia de los narcóticos. La chica con la que estaba no lo hubiese entendido y yo tampoco deseaba explicarle". –Robert, 39 años, abogado.

* "Estaba demasiado borracho y cansado como para llegar; había estado moviéndome durante un largo rato y, simplemente, deseaba guardar mi pene". –Paul, 29 años, estudiante graduado.

* "Fue durante una maratón sexual y no resistía llegar una vez más... ella, en realidad, lo deseaba, pero yo no quería explicarle ni hacerla sentir mal". –Rob, 45 años, consultor independiente.

* "Durante sexo telefónico, me interesaba más que ella llegara". –Ned, 48 años, abogado retirado.

* "Llegué muy rápido, pero traté de hacerle ver que no lo había hecho". –Brian, productor de películas, 29 años.

* "Creí que iba a llegar, pero no, entonces me sentí menos estúpido simulando que había llegado". –Simón, 36 años, programador.

Pero un porcentaje muy cercano de hombres no encuentra razón alguna para fingir un orgasmo. "¿Por qué debería hacerlo?", pregunta Clay, oficial de control animal, de 31 años. "No creo que ella se dé cuenta". Andy, electricista, de 45 años, pregunta: "Ya sabes que soy hombre, ¿cierto? Siempre llego".

Además, algunos hombres dicen disfrutar del sexo incluso cuando no llegan al clímax. "No siempre es necesario tener un orgasmo", dice Boris, director creativo, de 43 años. "Si no voy a llegar, no importa. De cualquier manera el sexo es divertido".

Y hay otros que creen que la honestidad es la mejor política porque a largo plazo produce mejor sexo. "La honestidad conduce a la comunicación y, por tanto, la próxima vez será mucho mejor", dice Sam, consultor de negocios, de 46 años.

Orgasmos múltiples: ¿realidad o ficción?

Cuando se trata del sexo, hay un aspecto en el cual las mujeres tenemos mucha, mucha suerte: podemos, teóricamente, tener orgasmos múltiples (definidos como dos o más orgasmos separados por algunos segundos con la misma intensidad y excitación) o podemos tener orgasmos secuenciales (definidos como una serie de clímax separados por intervalos de uno o diez minutos). ¿A qué se debe esto? La sangre fluye fácilmente hacia adentro y hacia afuera de los genitales de la mujer, lo que los mantiene excitados. Por el contrario, durante el orgasmo del hombre la sangre fluye con rapidez desde su pene hacia la totalidad de la cadena venosa. Por esta razón, tu chico necesita algunos minutos (o más) para "recuperarse" después de un orgasmo antes de poder tener una nueva erección.

Esto no debe ser una meta para medir tu propio rendimiento; pero es nuestro deber contarte que el 85 % de nuestros encuestados informaron haber sido testigos de los orgasmos múltiples de sus mujeres. (Obviamente, un 11 % restante no estaba seguro de la veracidad de esos momentos). Debes saber, además, que no

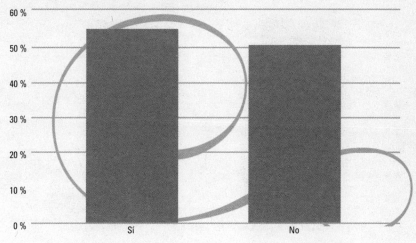

¿Alguna vez has fingido un orgasmo?

les pedimos que nos contaran cómo hicieron para saber que su chica tenía orgasmos múltiples, ni si les gustaba particularmente o no esa situación.

Recuerda, el sexo debe estar orientado siempre hacia el placer, no hacia una meta. Sin embargo, si deseas probar tu habilidad para tener orgasmos múltiples, estás en toda la libertad de experimentar estimulándote tú misma después del primero. Deberás dirigirte hacia el área que rodea el clítoris, puesto que tu botoncito del amor puede estar muy sensible para continuar con la estimulación directa. Puede ser que también te sientas sobreestimulada, pero este sentimiento se transformará en otra ronda de exquisito placer. Durante el sexo con tu pareja, también puedes ensayar cambiando el tipo de estimulación que estás recibiendo. Por ejemplo, de la posición del misionero a la de la mujer encima, o pide a tu hombre que de estar dentro de ti pase a masajearte el clítoris.

¿Alguna de tus compañeras ha experimentado múltiples orgasmos?

¿Los hombres pueden tener múltiples orgasmos? De acuerdo con nuestra encuesta, muchos dijeron haberlos experimentado, aunque la mayoría, el 53 %, no lo ha logrado.

Llegó el momento de la revelación: nuestra encuesta no les preguntó cómo lograban los orgasmos múltiples. Sospechamos que la mayoría de los encuestados definieron "orgasmos múltiples" como la habilidad para tener otra erección lo más pronto posible después de la eyaculación y llegar nuevamente al clímax. De hecho, los orgasmos múltiples masculinos son definidos, por lo general, como la habilidad de tener varios orgasmos sin eyacular o perder la erección hasta llegar a un orgasmo final.

Nosotros sospechamos que, probablemente, ellos experimentaron un clímax extendido o más intenso en vez de un orgasmo verdaderamente múltiple. De cualquier manera es una experiencia que vale la pena. ¿Deseas intentarla? Una forma es llevarlo muy cerca al punto desde donde no hay regreso, y esto puede ser a través del sexo oral, la estimulación manual o controlando tus movimientos durante la penetración vaginal y después dete-

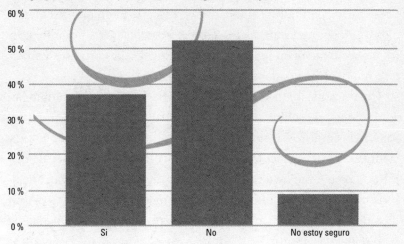

¿Alguna vez has experimentado un orgasmo múltiple?

nerte durante al menos diez segundos. Luego, inicia de nuevo, pero no te detengas más de tres o cuatro veces porque puede ser que definitivamente no llegue.

Ejercicios sexuales

Hablando de orgasmos (reales o fingidos), acá te presentamos un mejor modo de obtenerlos: practica los ejercicios de Kegel. Tal como algunos hombres ya lo saben, un ejercicio de Kegel ocurre cuando oprimes tu músculo pubococcígeo (PC), el cual va desde tu hueso pubiano hasta la punta del cóccix, rodeando tus genitales (es el músculo que utilizas para detener el flujo de la orina). Puedes encontrarlo cuando introduces un dedo entre la vagina y lo aprietas. Para estirar el músculo, simplemente oprime y sostén durante algunos segundos, luego repite. ¡Eso es un ejercicio de Kegel!

Estos ejercicios, que portan el apellido del ginecólogo que los desarrolló, poseen una plétora de beneficios sexuales: incrementan el flujo sanguíneo hacia el área, lo que permite que puedas hacer el amor, sola o acompañada. De hecho, el 67 % de los hombres que respondieron a nuestra encuesta sienten que los ejercicios de Kegel mejoran las relaciones sexuales. (Tristemente, casi un 29 % no conocen los ejercicios de Kegel, pero eso no significa que no los debas conocer tú tampoco).

Un músculo bien tonificado también puede incrementar las sensaciones del clítoris y la lubricación vaginal, producir orgasmos más intensos y más duraderos, y ayudarte a recuperar la tonificación del músculo del piso pélvico, perdida después de dar a luz. Los ejercicios de Kegel también te ayudan a lograr orgasmos múltiples. Los hombres también pueden practicar los ejercicios de Kegel; si lo hacen disfrutarán de erecciones con mayor facilidad, más fuertes y tendrán todo el tiempo mayor control sobre su pene.

101 formas de apagar el deseo

Hemos hablado mucho acerca de lo que excita a los hombres, pero, cuando se trata del acto en sí, ¿qué apaga su deseo? Para los hombres que contestaron nuestra encuesta la respuesta es muy clara: una pareja sin entusiasmo.

Falta de interés

Si deseas apagar el deseo de tu hombre, esto es lo que debes hacer: actúa como si estuvieras aburrida. Acuéstate pasivamente, y ten sexo a regañadientes. No hay nada en el mundo que apague su pasión con mayor rapidez que la falta de interés. "El sexo obligatorio y no participativo es lo peor que se puede hacer", dice William, gerente de desarrollo de negocios, de 39 años. T. J., músico, de 42 años, afirma que "el desinterés de su parte mata totalmente mi pasión. Yo solo quiero tener sexo si ella lo desea; seguro, yo quisiera que ella lo deseara todas las noches, pero debo ser realista".

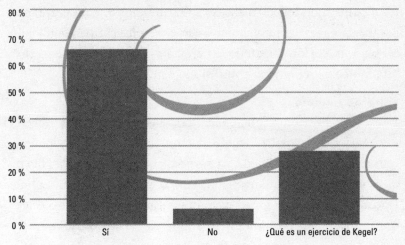

¿Los ejercicios de Kegel promueven el sexo?

Sí	No	¿Qué es un ejercicio de Kegel?

Por tanto, hazle saber que estás disfrutando. De otra manera, él podrá interpretar tu calma como una falta de interés. "Realmente, apagan mi deseo aquellos espacios que se generan entre el silencio (porque no me puedo excitar sin escuchar su placer) y la posición en la cual ella simplemente yace allí", dice Patrick, escritor, de 40 años.

Nota: Los hombres desean sentir conexión emocional tanto como tú. "Mi deseo se apaga cuando la mujer continúa con los movimientos sin involucrarse emocionalmente", dice Boris, director creativo, de 43 años. "O cuando carece de interés impulsivo y deseo". Marcus, gerente general, de 47 años, comenta: "Me siento utilizado, como si ella no estuviera interesada en mí y simplemente necesitara mi cuerpo para el sexo, eso apaga mi deseo".

La actitud de "acabemos con esto rápido" también puede enfriar los motores de los hombres. "No me gusta hacerlo con afán", dice Bob, ingeniero, de 28 años. "Simplemente, me gusta intentar cosas diferentes y tomar algún tiempo para descubrir nuevas alternativas y maneras de pasarla bien".

Otros hombres mencionaron: "las mujeres que tienen complejos o culpas con respecto al sexo"; "las mujeres que no participan o yacen inertes"; "la chica que yace cual leño sin personalidad"; "el sexo sin pasión"; "cuando la pareja no tiene ganas de hacerlo"; y la "autoabsorción total como si me estuviera ignorando".

Falta de higiene

La segunda razón mencionada por los hombres en nuestra encuesta fue la mala higiene personal. Los hombres mencionaron el vello corporal, el olor corporal, el mal aliento, la falta de aseo y otros temas relacionados con la limpieza (generalmente centrados en las funciones excretoras). Entonces, no es necesario que te bañes en perfume, pero sí querrás evitar el ajo y asegurarte de haberte duchado adecuadamente antes de la gran cita. No daremos más detalles.

Distracciones

Otra razón que mata el deseo, mencionada por varios hombres, se relaciona con las distracciones que pueden alejar mentalmente a cualquiera de ustedes dos de lo que están haciendo. "Durante el sexo, no debe haber interrupciones (exceptuando las emergencias, obviamente)", dice Mike, estudiante y empleado de restaurante, de 23 años. Ignora el teléfono, olvida tu conciencia y tu pudor, y no mires el reloj". Clay, oficial de control animal, de 31 años, menciona que "el hecho de que ella piense en cualquier cosa diferente al momento en que estamos" es suficiente para apagar su pasión.

Otras distracciones (para ellos) incluyen el ambiente que creaste para el romance. Aunque "si estamos muy involucrados en la acción es poco probable que el deseo muera", dice Simón, programador, de 36 años. "El ambiente es importante, pues yo puedo excitarme en unas sábanas que para ella, simplemente, son acogedoras".

Nina: Me identifico completamente con quienes tienen niños ahora que tenemos uno. Amamos a nuestro hijo, pero es un terrible distractor y un total asesino de la vida sexual. No hay solución fácil para esto, pero les sugiero buscar un tiempo para el sexo. Sé que suena como una receta, pero encontrar un espacio para ustedes mismos (consideren las noches) puede ser absolutamente relajante y totalmente agradable, sin mencionar que es algo que ustedes dos querrán buscar.

Cynthia: Un amigo me sugirió contratar una niñera o a algún familiar para que llevara a los niños a pasear, o tal vez a pasar la noche donde la abuelita, mientras ustedes se quedan en casa (en cama). ¡Parece una buena idea!

■ ■ ■ ■ ■

¿Otra distracción importante? "Estrés laboral", dice Álex, gerente, de 32 años. Por tanto, cuando te quites la ropa, deja la oficina atrás a menos que estés jugando sobre tu escritorio.

Lo que proviene de su boca

Aunque la mayoría de los hombres encuestados desean que expreses tu placer, siempre preferirán que tus comentarios (y sonidos) sean constructivos. "Mata mi pasión la obsesión por los orgasmos simultáneos, particularmente cuando son verbalizados (por ejemplo: 'Lleguemos al tiempo')", dice Robert, abogado, de 39 años. "Generan demasiada presión". David, administrador de sistemas, de 43 años, cita a las mujeres que "critican demasiado en vez de dar instrucciones constructivas", mientras que George, abogado, de 50 años, tiene problemas con las personas que "hablan y exigen demasiado".

Y, mientras que a algunos hombres les gustan los comentarios pasados de tono, a otros, como a Ned, abogado retirado, de 48 años, y Scott, estudiante, de 29 años, les molestan "las conversaciones sexuales forzadas".

Inhibidores varios

La mayoría de las razones por las cuales la pasión de los hombres en nuestra encuesta se apaga se clasifican en las categorías que acabamos de discutir, aunque estas no fueron las únicas respuestas. De hecho, entre todo aquello que inhibe a los hombres se incluye una gran variedad de situaciones como estas:

Incomodidad (de cualquier tipo)

* "Estar en una posición incómoda o rara". –Dan, 38 años, agente de bienes raíces.

* "El miedo a estar involucrado en algún tipo de problemas posteriores". –Luke, 32 años, estudiante.

Baja autoestima

* "Falta de confianza en sí misma". –Tom, 31 años, abogado.

* "Falta de presencia". –George, 48 años, consultor de mercadeo.

* "Una mujer que no es lo suficientemente sensual, ni se siente cómoda consigo misma". –Ted, 44 años, gerente de logística.

Falta de credibilidad

* "Falta de imaginación (aun cuando suene cursi)". –Oliver, 42 años, educador.

* "Tener que hacerlo siempre en la cama". –Ben, 40 años, arquitecto.

Mal cálculo

* "Tener un orgasmo antes que ella". –Kelly, 27 años, estudiante graduado.

Y, obviamente...

* "Cuando hay más personas cerca". –Pete, 42 años, vendedor.

* "Una personalidad horrible fuera de la cama". –Dave, 41 años, ejecutivo.

* "Cuando ella va directamente al baño una vez acabamos". –Rick, 27 años, estudiante.

Ya hablamos acerca de lo que ocurre antes y durante el sexo. Pero ¿qué acontece después de hacer el amor? Nuestra encuesta reveló algunos secretos sorprendentes acerca de los besos posteriores Ya hablamos acerca de lo que ocurre antes y durante el sexo.

Simplemente hazlo

También existen aquellos hombres que perseveran sin importar los obstáculos. "Nada mata mi pasión", reporta Brian, empresario, de 37 años. Walt, gerente de mercadeo, de 27 años, pregunta y responde: "¿Qué mata mi pasión? Creo que nada".

Y para hombres como Dave, analista, de 40 años, su mayor frustración es "no tener tanto sexo como sea suficiente. ¡Hazlo siempre!".

Esto nos lleva de vuelta a nuestro punto inicial. Cuando se trata de relaciones sexuales, tu mayor inversión no es un cuerpo escultural, la posición más extraña o los sitios más sensibles. ¡Lo que cuenta es tu verdadero entusiasmo para hacer el amor con tu compañero!

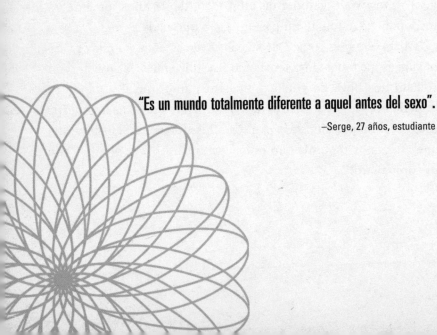

"Es un mundo totalmente diferente a aquel antes del sexo".

—Serge, 27 años, estudiante

CAPÍTULO SIETE

Después del acto

Pero, ya hablamos acerca de lo que ocurre antes y durante el sexo. Pero, ¿qué acontece después de hacer el amor? Nuestra encuesta reveló algunos secretos sorprendentes acerca de los besos posteriores al sexo, puesto que los hombres nos contaron lo que deseaban que las mujeres supieran acerca de los abrazos, la mañana siguiente a la excitación y la llegada, el porqué se quedan dormidos después del sexo, y qué los incita a desear correr hacia la puerta.

El periodo después del sexo: lo que los hombres quisieran que las mujeres sepan

Si el hombre tuviera que contar una sola cosa que deseara que las mujeres supieran acerca de su estado mental después del sexo, ¿cuál sería? Primero, si está allí acostado con sus ojos medio cerrados y una sonrisa en su boca, por el amor de Dios, déjalo quieto. Te diremos por qué:

 Está en estado de éxtasis La palabra más frecuente que los hombres emplearon para poder describir su estado mental posterior al sexo fue "éxtasis": "Simplemente, quiero desvanecerme en este estado de éxtasis", dijo Steve, estudiante, de 27 años, o "quedo extasiado y, por lo general, un poco aturdido", mencionó Patrick, escritor, de 40 años. Esto es bueno, mujeres.

De hecho, si no puede ni siquiera componer una frase completa para salvar su vida, tómalo como un cumplido. "Por lo general, no tengo control total de mi mente después del sexo", dice Jordan, profesional en mercadeo, de 45 años. "Mi estado mental no es adecuado después del sexo", dice Ted, asistente de producción, de 27 años, "no valgo nada". Ned, abogado retirado, de 48 años, lo dice con mayor franqueza: "¿Mi estado de qué?".

No arruines su estado de éxtasis saliendo de la habitación. "Deja que perdure", dice William, gerente de desarrollo de negocios, de 39 años. "No te pares inmediatamente a orinar. Me encanta deleitarme en la sensualidad, los olores y el deseo de lo que acaba de ocurrir". Algunos hombres descubren el estado poscoito casi en términos religiosos: "Es sagrado", dice George, consultor de mercadeo, de 48 años.

Y, como lo dijo Serge, estudiante, de 27 años: "Es un mundo totalmente diferente a aquel antes del sexo".

No te ofendas si pareciera que tu chico fuera a quedarse dormido, o, incluso, si en realidad se queda dormido (ampliaremos el tema más adelante). La segunda palabra más común que los hombres utilizan para describir su estado posterior al sexo es "relajado".

 En realidad está relajado

"La relajación y el sueño no hablan mal de ti", dice T. J., músico, de 42 años. "Más bien, lo contrario. Cuanto mayor sea el orgasmo, mayor será el tiempo de recuperación". Para aquellos hombres con niveles altos de estrés, los momentos posteriores al sexo son preciosos. "Finalmente, me relajé", dice Brian, empresario, de 37 años. Tom, abogado, de 31 años, dice: "Simplemente, quiero pasar un buen rato y relajarme. Tal vez tomar una siesta".

A los hombres de nuestra encuesta les encantaría que te relajaras con ellos después de hacer el amor. Ese no es el momento para repasar la lista de deberes. "¿Descansemos ahora, podrías hacerlo?", ruega Ted, gerente de logística, de 44 años. Peter, enfermero, de 58 años, va directo al punto: "Relájate y disfruta el paraíso del sexo".

 Le encanta que lo abraces (de verdad)

Seamos claros en algo: después del sexo "a los hombres también les encanta que los abracen", menciona Patrick, profesional en mercadeo, de 41 años. De hecho, cuando les preguntamos "los abrazos posteriores al sexo: ¿sí o no?", un sorprendente 56 % nos contestó con un "¡sí!" rotundo. Dave, ejecutivo, de 41 años, dice

Abrazos después del sexo: ¿sí o no?

60 %	
50 %	
40 %	
30 %	
20 %	
10 %	
0 %	Sí, absolutamente, es lo mejor Depende de la situación No, deseo estar solo

"Nadie, realmente, quiere irse si fue realmente bueno". Solo el 5 % de los hombres dijo que prefería quedarse solo.

Para otro 39 %, todo depende de la situación. Algunos hombres, simplemente, quedan muy cansados después del sexo.

"Queremos descansar y que nos abracen, pero, a la vez, nos sentimos agotados y extenuados (por tanto, no lo tomes a mal si nos quedamos dormidos)", anuncia Chris, ingeniero de *software*, de 34 años. Por otro lado, hay quienes reconocen lo divertido que es el sexo casual y de afán. "No siempre debe ser con caricias y consentimientos", dice Oliver, educador, de 42 años. "A veces, es adecuado asumir la actitud de 'pum, pum, gracias señorita'".

Si tienes suerte y encuentras un chico a quien le guste persistir después del sexo, no te quedes simplemente acostada. "Puede ser que no todo haya terminado y quiera seguir 'jugando' un rato más", dice Brian, productor de películas, de 29 años. Esto incluye "el silencio, los abrazos, los besos" que le encantan a Clay, oficial de control animal, de 31 años, o los juegos de caricias similares. "Acaricia mi pecho suuuuuavemente", dice Claude, músico, de 34 años. "Me produce un orgasmo en la piel que me hace gemir y estremecerme tanto como el contacto genital".

Sí, acabas de alcanzar la intimidad física con tu hombre, pero eso no significa que él desee intimar emocionalmente. Varios de los hombres de nuestra encuesta repitieron

las palabras de Scott, estudiante, de 29 años: "No es hora de hablar acerca de la relación". Andy, electricista, de 45 años, fue más directo: "Por favor no hables, por favor no lo hagas, ¡por favor!".

 Habla acerca de la relación en otro momento

Sin embargo, esto no significa que él no sienta intimidad. Hay muchas probabilidades de que él disfrute tu compañía, pero no quiere anunciarlo verbalmente. "No es un momento para hablar, y no es porque no me sienta cercano a ti", dice Simón, programador, de 36 años. "Simplemente, acuéstate conmigo y observa la Luna a través de la ventana". Marcus, gerente general, de 47 años, agrega: "Los hombres solo quieren abrazarte o dormir después de tener sexo, no hablar".

 Pueda ser que necesite algunos minutos antes de volver a cabalgar

Obviamente, tienes la libertad de expresar el placer que sientes por lo que acaba de pasar. "Es muy importante comunicarse cuando has disfrutado de la experiencia", dice Randy, profesor, de 45 años.

Permite que tu hombre retome el aliento después del acto. De hecho, es probable que debas colocar tus manos sobre tu cuerpo durante un corto lapso. "Después del orgasmo, el pene está muy sensible y será mejor dejarlo quieto", dice Mike, estudiante y empleado de restaurante, de 23 años. "Si buscas más orgasmos, tu chico estará listo después de un corto intervalo. De otro modo, podrá lastimarse".

Entonces, dale un lapso. "Tardo cierto tiempo en recargarme", dice Sam, músico, de 52 años. Puede ser que mentalmente esté muy ansioso por otra ronda. Sin embargo, su cuerpo no estará listo para cooperar, y requerirá seguramente de algún periodo antes de hacerlo. "Quiero intentarlo de nuevo", dice Xavier, ingeniero, de 40 años.

"Desafortunadamente, no ocurre hasta después de una hora"; aunque para algunos el tiempo de recuperación es más corto. "Solamente necesito diez minutos más", dice Bob, ingeniero, de 28 años.

Nuevamente, esto no significa que todo tipo de actividad deba cesar. "Primero que todo, mi orgasmo no debe ser el fin de todo", comenta Nigel, científico, de 31 años. "Hay más cosas que podemos hacer para complacerte hasta cuando mi pene pueda endurecerse nuevamente. Incluso, si me duermo, me gustaría estar contigo".

Pero no todos los hombres duermen después del sexo. "Descansa por un momento y retomemos el asunto", dice Ralph, estudiante graduado, de 34 años; o sigue el consejo de J. B., ingeniero de *software*, de 50 años: "Una vez no es suficiente, pero en el intermedio coloca tu cabeza sobre mi hombro, acaríciame y veremos qué pasa".

Seguramente querrá quedarse solo (pero no lo tomes como un asunto personal)

Tal como lo mencionamos anteriormente, alrededor de un 5 % de todos nuestros encuestados confesó desear estar solo después del sexo. "Déjame solo y vamos a dormir", dice Bruce, planeador financiero, de 31 años. "Déjame descansar", ruega Pete, vendedor, de 42 años. John, contratista, de 24 años, es más tajante: "O me dejas solo o me haces sexo oral para que podamos empezar nuevamente".

Es correcto permanecer en la cama después del sexo

No te sientas mal si tu chico desea refugiarse solo en su cueva poscoital. "Algunas veces, solamente deseo permanecer aislado", explica Matt, activista político, de 46 años. "No significa que te esté rechazando". Algunos de los hombres de nuestra encuesta confesaron molestarse cuando la mujer salta de la cama después del sexo. "No vayas directamente al baño", pide Rick, estudiante, de 27 años.

Para otros, esta situación es aún más molesta. "Nos encanta la limpieza después de revolcarnos y acariciarnos", dice Álex, gerente, de 32 años. "Y eso también te incluye a ti. ¡Ve a limpiarte!", dice Greg, ingeniero, de 35 años.

Imposible definir cómo se siente

Finalmente, tenemos a aquellos hombres para quienes su estado mental posterior al sexo no encaja en ninguna de las categorías anteriores:

✳ "Recuerda, cuando acabamos, acabamos, y por lo general estamos listos para la siguiente tarea". –Joe, 59 años, consultor.

✳ "Mi estado mental después del sexo depende de la mujer. Algunas piden mucho cariño, otras, simplemente, no descansan mucho antes de pasar a otro tipo de actividad". –Boris, 43 años, director creativo.

* "Es muy diferente para los hombres y no lo podemos controlar; al menos lo relacionado con la parte física". –Jack, 52 años, diseñador gráfico.

* "¡Quiero comida china!". –Ben, 40 años, arquitecto.

El elemento sueño

Las mujeres se quejan frecuentemente de que los hombres se quedan dormidos después del sexo (aunque, siendo honestas, nosotras también lo hacemos a veces). En realidad, no hay necesidad de molestarse. Tu chico se encuentra en una situación de felicidad completa y cada una de las moléculas de su cuerpo está diciéndole permanentemente que debe descansar. "Bioquímicamente, nuestro cuerpo acaba de darnos una poderosa pastilla para dormir y, además, estamos muy fatigados, por tanto, lo mejor es descansar", dice Richard, profesor, de 35 años. "Después de eyacular, especialmente si lo he hecho varias veces, me siento con muchísimas ganas de dormir", cuenta Allen, productor de películas, de 35 años.

Algunos hombres piensan que caer dormidos no es lo más cortés que han hecho, pero, en realidad, no pueden hacer nada más. Patrick, escritor, lo dice así: "Trato de no acomodarme para no quedarme dormido, pero quedo extenuado y como aturdido y no hay nada más que pueda hacer".

Presentamos algunas excusas que tu hombre utilizaría después de hacerte el amor:

ÉL DICE

Lo admito, el mejor sueño es durante los primeros treinta minutos después del sexo. No te molestes con nosotros.

■ ■ ■ ■ ■

El sexo es agotador (además, es tarde)

El acto sexual exige mucho a los hombres, en diversos aspectos. Tu chico probablemente se dormirá del cansancio que siente.

* "Acabo de girar alrededor de mi cama durante cuarenta y cinco minutos, haciendo gran cantidad de actividades; sobrecargué mis baterías". –Malcolm, 34 años, gerente.

* "Estoy terriblemente cansado y he estado trabajando fuertemente. El sexo no es un acto pasivo para mí. Me gusta cuando es activo, juguetón y con movimientos gimnásticos". –Bob, 28 años, ingeniero.

* "En realidad, estamos cansados, no estamos fingiendo". –Sam, 46 años, consultor de negocios.

* "El sexo consume toda la energía que tiene el hombre". –Sam, 52 años, músico.

* "Me desgasta, y quedo cansado (y, por lo general, ocurre después de haber estado trabajando todo el día)". –Kelly, 27 años, estudiante graduado.

* "1. Estábamos en la cama. 2. Después de la carrera por llegar a la meta, que por lo general ocurre en el sexo, estamos algo cansados. 3. El placer posterior siempre me produce cierta euforia somnolienta". –Mike, 23 años, estudiante y empleado de restaurante.

* "Dos teorías: 1. ¡Estoy cansado! 2. Para mantener su condición física, algunos solteros toman el hábito de masturbarse antes de ir a la cama". –Nigel, 31 años, científico.

Más de un hombre denominó al sexo como "trabajo pesado" (lo que nos hace pensar en cómo se enfrentarían al trabajo de parto y el alumbramiento). "Prácticamente, somos los que hacemos todo el trabajo", dice Paul, estudiante graduado. "Si ha sido una larga sesión, es agotador".

Y luego, obviamente, nos enfrentamos al hecho de que los hombres se quedaron dormidos después del sexo "porque es tarde", según John, contratista, de 24 años. P. B., cazador de talentos corporativos, de 51 años, resume: "Por lo general, ocurre tarde en la noche, y estamos cansados. Podríamos haber ido a dormir más temprano, pero esperamos a tener sexo". Cuando combinas la tardía hora en la que ocurre la acción, la gran cantidad de actividad física y una cama cómoda encuentras la razón por la que los hombres caen rendidos. "Siempre lo hago", admite Brian, productor de películas, de 29 años. "Por lo común, estoy cansado de noche. Una vez gasto tanta energía, quedo listo para desvanecerme".

El sexo es agotador

El corolario de la excusa "me duermo porque el sexo es enérgico" es la explicación similar de que el sexo es simplemente "agotador", según lo definen varios hombres. "Nos deja vacíos", dice Jordan, de 45 años. "Es una experiencia demoledora, literal y figurativamente". Y hay quienes lo toman muy literalmente: "Perdimos mucha sangre de nuestra cabeza e hicimos muchísimo ejercicio", dice Chris, de 34 años.

El sexo relaja

Sin importar la hora del día en la cual haces el amor o cuánta energía empleas, la mayoría de los hombres admiten que se duermen después del acto porque el sexo es milagrosamente relajante.

* "Estás en un maravillosos estado de relajación y pierdes el conocimiento". –William, 39 años, gerente de desarrollo de negocios.

* "A veces te sientes totalmente relajado después de una buena sesión con la mujer adecuada". –George, 50 años, abogado.

* "La excitación nos anula y enmascara la necesidad de dormir. Una vez pasa, el cansancio aparece. Además, es relajante e induce al sueño". –Sam, 46, consultor de negocios.

* "Estoy completamente saciado y relajado, y caigo fácilmente en el cansancio". –Joe, 59 años, consultor.

* "Es natural y nos relaja. Es perfecto". –Marcus, 47 años, gerente general.

* "Durante el orgasmo dejo que todo fluya y libero toda la presión; y eso me permite descansar. Esta relajación pacífica parece fluir hacia el sueño". –J. B., 50 años,, ingeniero de *software*.

* "Me siento tan relajado después del orgasmo que lo único que puedo hacer es caer dormido". –Walt, 27 años,, gerente de mercadeo.

* "Es tal la explosión de energía que lo que sigue es el sueño. Además, es una manera muy relajada de dormir". –Boris, 43 años, director creativo.

El sexo es satisfactorio

Otra razón es el simple "sentimiento de logro", tal como Luke, estudiante, de 32 años, lo describe. "Si han tenido buen sexo, están ambos tan cansados que caen rendidos del sueño", dice Peter, enfermero, de 58 años. "Es un gran problema cuando uno de los dos no está satisfecho".

Y finalmente la ciencia...

Para algunos hombres, el sueño posterior al sexo es parte de su "naturaleza", según lo comenta Xavier. Richard, profesor, de 35 años, nos presenta una explicación más detallada: "Además de estar completamente exhaustos por tan vigorosa actividad, al momento del

ÉL DICE

¿Alguna vez te has dormido mientras te hacen un masaje? Sí, el sueño después del sexo es muy similar. Puede ser que no lo desees y que pienses que es algo descortés, pero es ¡espectacular!

■ ■ ■ ■ ■

orgasmo las gónadas liberan una señal que cubre al cerebro con químicos que inducen al sueño, lo que produce euforia e incrementa la sensación de cariño".

O, como lo dijo Ned, de 48 años, sin rodeos: "Liberación, cansancio, bioquímica".

Una ronda más

Si agregas una ronda de cocteles a esta mezcla, incrementas las posibilidades de que tu hombre caiga totalmente noqueado después del acto. "¡Diablos, me he quedado dormido incluso mientras lo hacíamos!", dice Rob, vendedor, de 36 años. "Generalmente, ocurre porque estoy borracho o con resaca".

Y, nuevamente, el sueño es lo mejor

Obviamente, tal como lo repetirán aquellos que, como nosotros, tienen niños, no luches contra el sueño. "Es la segunda mejor actividad después de tener sexo", dice Bruce, planeador financiero, de 31 años.

¿Quieres que tu chico salga corriendo por la puerta? Esto es lo que debes hacer

Es absolutamente posible arruinar la luminiscencia. Acá te mostramos cómo:

Habla demasiado

Después de una deliciosa ronda haciendo el amor, resiste al impulso de acabar con el silencio. Uno de los más comunes elementos que aniquilan la pasión después del sexo, nombrado por nuestros encuestados, fue "la charla exagerada". Entre los temas que los hombres no desean tratar se encuentra el trabajo, tus antiguos amantes, o sus antiguas amantes. "No me preguntes con cuánta gente me he acostado", ruega Brian, productor de películas. "Odio cuando alguien dice: 'Fue maravilloso, debes tener mucha práctica' ".

Mi comentario preferido para arruinar el momento posterior al sexo (por parte de cualquiera de los dos) es: "No es tu culpa, soy yo". Y en segundo lugar se encuentra: "Me encantaría seguir saliendo contigo, pero debo trabajar en mí mismo como proyecto". ¿Qué te crees, una pieza de cerámica?

■ ■ ■ ■ ■

Como nos hemos dado cuenta, este tampoco es el momento para hablar de la relación. "El peor tema a tratar después del sexo tiene que ver con lo que debe mejorarse en la relación (externo al sexo)", dice Sam, músico, de 52 años, o "tratar un tema del cual podríamos hablar en otra ocasión". Matt agrega: "No es el momento para decir cosas como 'hablemos sobre nosotros' o '¿hacia dónde vamos en esta relación?' ".

Más aún, cuando hablas demasiado arruinas el momento. "No te pongas charlatana", dice William. "Saboreemos y sumerjámonos en la sensualidad de lo que acabamos de hacer".

Parece que lo más valioso después del sexo fuera un espacio para el silencio.

Critícalo

Recuerda el antiguo adagio: "Si no puedes decir algo agradable, no digas nada"; es realmente cierto en el sexo. Otra manera de matar la pasión después del sexo consiste en criticar su manera de mirar, su técnica, su personalidad o cualquier otro de sus aspectos. "En una relación donde hay compromiso, me molesta terriblemente cuando ella habla de partes de mi cuerpo que debo mejorar o me dice cosas hirientes", sostiene Jordan. "Es un momento de mucha sensibilidad". Randy, profesor, está de acuerdo y afirma que lo peor es cuando le dicen que "no es atractivo ni sexy". (¿En realidad hay mujeres que hacen esto? ¡Sí!).

Algunos hombres no soportan escuchar ningún tipo de evaluación. "Odio escuchar toda clase de comentarios técnicos", dice Robert, abogado, de 39 años. "No me gustan los piropos muy efusivos, pero tampoco quiero ser criticado".

Sé posesiva

Sentimos mucho tener que decirte esto, pero desnudarte y sudar en compañía de tu hombre no te convierte automáticamente en su pareja para toda la vida. (No nos odies: simplemente, somos portadores del mensaje).

Según los encuestados, uno de los elementos que matan su pasión después del sexo es cuando tú "supones que tener sexo significa mucho más de lo que fue", tal como lo dijo Paul. "Me provoca salir corriendo cuando ella piensa que sexo = matrimonio = niños", dice Mike, estudiante y empleado de restaurante. "Obviamente, trato de identificar esta situación de antemano y no tener sexo con esa mujer".

"Nos asusta cuando hacen suposiciones inmediatas acerca de la relación, especialmente en la primera cita", asiente Allen, productor de películas. Jordan dice que su peor malestar posterior al sexo depende de la situación, pero cree que en una relación donde no haya compromiso lo peor es "cuando ella profesa el inmortal amor que siente por mí".

Por tanto, mientras que a él le podría encantar abrazarte, necesitaría cierta distancia emocional después de hacer el amor, especialmente si ocurre poco después de conocerse. Hombres como Tom, abogado, de 31 años, dijeron que "no tener mi propio espacio" es una de las peores situaciones, mientras que otros, como David, administrador de empresas, de 43 años, mencionaron el hecho de "presionar por tener una relación antes de tiempo".

Ahora, chicas, recuerden: el contexto lo es todo. Si han estado juntos durante cierto tiempo, expresar su amor por el otro será la cosa más natural y adecuada que ocurra en el mundo. Y, ¿qué mejor momento que después de hacer el amor?

Estos hombres están hablando de presionar la relación antes de tiempo (como, por ejemplo, después de hacer el amor por primera vez), antes de conocerse en realidad completamente. Porque —¿adivinen qué?— puede ser que después de varios me-

ÉL DICE

Mi consejo: ¡El mejor momento para hablar acerca de la relación y volverte posesiva es después de haber tenido sexo por lo menos 50 veces, no antes!.

■ ■ ■ ■ ■

ses no sigas pensando que en realidad es muy atractivo. Si tratas de involucrarte emocionalmente después de haberte acostado con alguien, es mejor que dejarse llevar por la pasión, no creas que significa algo más que una simple atracción. Disfruta el momento y protege tu corazón.

Siente remordimiento

Lo contrario de tornarte completamente posesiva consiste en sentir remordimiento en su presencia por haber tenido sexo con él. Varios hombres de nuestra encuesta mencionaron el "arrepentimiento" de la mujer como otro de los elementos que aniquilan la pasión. "No empieces a sentirte culpable o insegura por lo que acabas de hacer, ni te molestes por algo y tomes una ducha fría negándote a hablar de esto", dice Nigel.

"Recuerdo que cuando estaba en la universidad una mujer me dijo a la mañana siguiente que 'aquello había ocurrido muy pronto'", dijo Patrick, profesional en mercadeo. "Eso fue terrible. No hay nada peor que alguien lamente haberse acostado contigo".

Otros hombres mencionaron razones como el hecho de "actuar como si nada hubiese ocurrido" (Marcus, 47, gerente general); "cuando ella parece sentirse incómoda conmigo" (J. B., 50, ingeniero de *software*); "ignorar la situación" (Rick, 27, estudiante); y "hablar de los riesgos de lo que acaba de ocurrir" (Dave, 41, ejecutivo) como los peores momentos posteriores al sexo.

Por tanto, es hora de responsabilizarse de sus actos. Si se despiertan y se dan cuenta de que cometieron un terrible error, por ejemplo; si tomaron demasiado y terminaron acostándose con su vecino, como le pasó a uno de los autores, esperen a que él se vaya antes de empezar a arrancarse los cabellos. No conocemos las vueltas que la vida da, y, ¿qué tal que terminen casándose algún día? Después estarán deseando que en las fiestas él no cuente la historia del día aquel en que solamente deseabas que él saliera corriendo por la puerta.

Cambia tu personalidad

Varios de nuestros encuestados parecen haberse ido a la cama con una mujer y despertado con otra totalmente diferente, y algo loca, la mañana siguiente. Más de un hombre mencionó a una mujer que actuaba "totalmente distinto a como se comportó la noche anterior" como lo peor que les ha ocurrido (Simon, 36 años, programador).

"Me estremezco cuando pienso en aquello que me hizo desear salir corriendo hacia la puerta", dice Richard. "Jamás he tenido una experiencia similar y no puedo imaginar qué me haría sentir así, aparte de una mujer que actúa de manera diferente a la normal, hasta el punto de sugerir locura total".

Otros hombres mencionaron "la irritación y el mal comportamiento irracional" (George, 50 años, abogado) o "el hecho de bailar y tirar las cosas por toda la habitación" (Greg, 35 años, ingeniero). T. J. aconseja tener mucho cuidado con la diversión después del sexo, y explica que le irrita cuando "ella se torna muy risueña y juguetona justo después del acto". Los juegos son buenos durante el sexo, no después. La risa tonta no es buena ni durante ni después del sexo. El humor es adecuado, pero no cuando es burlesco.

ÉL DICE

La mejor medicina es la risa, a menos que sea en medio de la acción. Sin importar lo que digas, siempre vamos a pensar que te estás riendo del tamaño inadecuado de nuestro pene, y eso terminará con todo. Si en realidad debes reírte, inventa una mentira piadosa, tal vez algo como "(risas) no puedo creer todo lo que tardé para poder acostarme finalmente contigo. ¡Eres maravilloso! ¡Y tu pene es enorme!".

■ ■ ■ ■ ■

Enciende un cigarrillo

¿Tienes el hábito de fumar? Ahora tienes una buena razón para dejarlo: mata totalmente la pasión sexual, según una gran cantidad de encuestados. Ted, gerente de logística, de 44 años, va, incluso, más lejos al compararlo con "las ganas de saber lo que estoy pensando".

Corre hacia el baño

Sí, ya te dijimos que la mayoría de los hombres que contestaron nuestra encuesta desean que tengas buenos hábitos de higiene. Sin embargo, no hay que recurrir a tales hábitos justo después de haber hecho el amor. Hombres como Pete mencionaron que "levantarse y tomar una ducha" acababa con las ganas de amar. El sexo es desordenado, mas no sucio, y, seguramente, tu chico tampoco lo es. "No corras inmediatamente al baño a limpiarte", dice Ben, arquitecto, de 40 años. "Tómalo con calma, relájate y permanece acostada un buen rato".

Si debes bañarte después de haber tenido sexo, sugiérele que te acompañe. Así también podrías sugerirle una nueva ronda. Además sé muy cuidadosa al dirigirte al baño; Andy, electricista, de 45 años, recuerda cuando una mujer "se metió a la ducha con las sábanas. Según ella, tenía frío".

Busca un final feliz

Para cierto grupo de hombres no hay nada que puedas hacer para arruinar su momento. "Aún no he presenciado un episodio que valga la pena contar", dice el escritor Patrick. Mientras tanto, a Claude "no se le ocurre nada que lo haga correr hacia la puerta después del sexo". Pero sí podríamos sugerirte que no presiones demasiado a tu chico. Con toda seguridad, a estos hombres no les importa si fumas, los criticas, empiezas a hablar de la recepción de la boda o sales corriendo hacia la ducha después de haber tenido sexo con ellos. Pero te sugerimos que no lo hagas, a menos que hayan estado juntos durante cierto tiempo.

¿Hay mejores opciones? Abrázalo, disfruta de la luminiscencia y sumérgete en una poderosa siesta después del sexo. No existe nada mejor, y él te lo agradecerá.

"Mis fantasías son muy comunes, banales y estereotipadas;
pero son mías y estoy muy orgulloso de ellas".

—Ned, 48 años, abogado retirado

CAPÍTULO OCHO

La isla de la Fantasía

Ya sabemos que, según las estadísticas, los hombres piensan
en sexo permanentemente. Suponiendo que eso es cierto,
¿qué es lo que piensan con exactitud? En este capítulo los
hombres nos presentan una breve noción de sus deseos
eróticos secretos; seguramente, no los llevarán a cabo, pero
pensar en ellos los excita.

Sus fantasías sexuales: lo que los hombres desean que las mujeres sepan

¿Qué desea tu chico que sepas acerca de sus fantasías sexuales? No lo neguemos, él tiene fantasías sexuales y eso es completamente normal. Desafortunadamente, a "la mayoría de los hombres se les enseña que son totalmente incorrectas", dice Jack, diseñador gráfico, de 52 años; y, tristemente, a muchas mujeres también. Es una pena, porque las fantasías son una de las maneras más divertidas y rápidas para excitarte. Esto es lo que debes saber acerca de sus fantasías:

 TIP #1: **Él tiene muchas fantasías, y eso es correcto**

Primero, y sin importar cuán satisfecho esté tu chico contigo, "tenemos fantasías", señala Robb, científico, de 59 años. De hecho, los hombres tienen "muchas de ellas", según dice Gene, escritor, de 64 años.

Sus fantasías llegan hasta donde su loca mente los pueda llevar. "En nuestras fantasías tenemos sexo con todo tipo de mujeres, reales e imaginarias, porque es seguro y divertido y, además, no lo podemos evitar biológicamente", dice Richard, profesor, de 35 años. "Mis fantasías son muy comunes, banales y estereotipadas, pero son mías y estoy muy orgulloso de ellas", dice, riéndose, Ned, abogado, de 48 años.

Recuerda que sus fantasías lo ayudan a canalizar su energía sexual, y de ninguna manera están reemplazando algo real. "Las fantasías me permiten ocupar mi mente mientras me masturbo", anota J. B., ingeniero de *software*, de 50 años. "Prefiero estar contigo". De hecho, es probable que seas el personaje principal de sus fantasías. "Probablemente, ya he tenido fantasías en las cuales estoy con ella haciendo de todo bajo el sol antes de llevarlo a cabo en la realidad por primera vez", dice Ben, arquitecto, de 40 años.

Las ilusiones también "ayudan a mejorar el sexo y, por tanto, no deben ser vistas como perjudiciales", dice Chris, ingeniero de *software*, de 34 años. Peter, enfermero, de 58 años, agrega: "Es, simplemente, una nueva dimensión del sexo".

No te sientas amenazada, se llaman fantasías por alguna razón

Para muchos hombres, las fantasías no son más que esto. "El hecho de que las tengas no quiere decir que vas a salir en búsqueda de ellas", dice David, administrador de sistemas, de 43 años. "En esencia, son seguras", agrega George, consultor de mercadeo, de 48 años. Y, sin importar cuán elaboradas sean sus fantasías, "tampoco implican que me merezca la cárcel", dice Greg, ingeniero, de 35 años.

Además, sus fantasías no deben atemorizarte. "Simplemente, son sueños que encajan muy bien en un mundo ideal, pero sabemos que sería terrible llevarlas a cabo en la vida real", admite Jordan, profesional en mercadeo, de 45 años. "Mis fantasías no significan que ella no me excite", dice T. J., músico, de 42 años.

Los hombres se sienten muy bien manteniendo sus fantasías en el reino de su imaginación. "Actuarlas sería muy divertido, pero innecesario", dice T. J. De hecho, es probable que ni siquiera desee que sus fantasías se tornen reales. "Son fantasías... no deseos necesarios", comenta Allen, productor de películas, de 35 años. Matt, activista político, de 46 años, agrega: "No te soy infiel con mis fantasías. No necesariamente deseo actuarlas contigo ni con alguien más".

Esta es la razón por la cual probablemente él no las comparte contigo. "No es relevante que las mujeres conozcan mis fanta-

Uno de mis amigos denominaba a sus fantasías ¡refugios eróticos!, en parte porque su imaginación volaba locamente cuando las tenía, y en parte porque creía que su novia no las entendería si las compartía con ella. Esto es triste porque la mayoría de las fantasías son buenas y denotan un amante con una imaginación poderosa.

■ ■ ■ ■ ■

sías", dice Brian, productor de películas, de 29 años. "Por esto son fantasías. Si se vuelven realidad, sería maravilloso; si no, seguirán siendo fantasías".

Para los hombres, las fantasías significan diversión sana sin importar si van a ser realizadas o no. "El hecho de que tenga ciertas fantasías no significa que desee vivirlas con ella", dice Patrick, profesional en mercadeo, de 41 años. "Además, también es adecuado que ella tenga sus propias fantasías, y no me sentiré ofendido si no estoy involucrado en ellas; por eso se llaman fantasías".

 TIP #3: A él le gustaría hablar de ellas contigo

Según los hombres que contestaron a nuestra encuesta, a ellos les encantaría poder compartir sus fantasías contigo si estuvieran seguros de que tu reacción sería positiva. "Me gustaría que ellas las disfrutaran y las compartieran", dice Sam, músico, de 52 años. "Me encanta hablar de ellas, y las mujeres deben apoyarlas", dice Claude, músico, de 34 años. "No deben existir sentimientos de amenaza por parte de ninguno de los dos".

La mayoría de los hombres quisieran que les siguieras la idea. "Estaría bien si, simplemente, me satisface", dice Rob, vendedor, de 36 años. Y con algunos hombres no tendrás que jugar a las adivinanzas: "Las mujeres con las que he estado conocen todas mis fantasías", señala Paul, estudiante graduado, de 29 años.

Recuerda que, para él, hablar de fantasías no significa que desea que ocurran. A veces discutir los sueños sexuales es suficientemente erótico como para desear que ocurran. "No todas las fantasías sexuales deben llevarse a cabo", dice Dave, ejecutivo, de 41 años. "Es bueno fantasear juntos y así obtener un poco de emoción".

Por otro lado, a él no le importaría si literalmente conviertes sus sueños en realidad, lo cual nos lleva al siguiente paso:

 TIP #4: Seguramente deseará llevar a cabo alguna de sus fantasías

La mayoría de los hombres de nuestra encuesta, dijeron que les encantaría mucho que ensayaras algunos de sus sueños eróticos con ellos. "Me gustaría que las mujeres supieran cómo convertir mis sueños en realidad", dice Steve, estudiante, de 27 años. "Toma la iniciativa o emociónate con la idea de involucrarte en algunas de mis fantasías más inocentes", sugiere Clay, oficial de control animal, de 31 años. P. B., cazador de talentos corporativos, de 51 años, te alienta a "explorar, ensayar cosas nuevas, vestir de manera diferente".

No todos los hombres desean cumplir sus sueños: "Algunos son simplemente fantasías, y hay otros que causarían mucha risa si se volvieran realidad", señala Brian, empresario, de 37 años. Aunque, por otro lado, hay quienes sí lo desean: "En algún momento me gustaría ensayarlos todos", dice Sam, consultor de negocios, de 46 años.

Pero no se equivoquen mujeres: tu chico desea realizar sus fantasías contigo. "Cuando en realidad deseas cumplir tus fantasías, es mejor que no ocurra con una chica al azar", explica Serge, estudiante, de 27 años. "Quiero vivirlas con ella", agrega Rob, consultor independiente, de 45 años. Los hombres saben que convertir una fantasía en realidad puede llevarlos a hacer el amor. "Cuando los dos se disponen a realizar una fantasía, la pasarán muy bien", comenta Patrick, profesional en mercadeo, de 41 años.

Recuerda, además, que mientras existen hombres que comparten abiertamente sus fantasías contigo otros desean enfocarlas de manera diferente, y esperan que entiendas sus pistas. "Aunque sean muy comunes, hablar de las fantasías a veces las destruye". Robert, abogado, de 39 años, comenta: "Hay quienes son muy tímidos al momento de comentar sus fantasías y, por eso, simplemente dan algunas pistas". Y cuando lo hacen es tan válido como si lo expresaran abiertamente ("¿Entonces quieres que camine lentamente hacia ti mientras usas liguero?"). Para otros es importante que lo expreses: "Ponte el liguero y pídeme que me arrastre hacia ti, haz que mi fantasía sea tu fantasía; yo te contaré si no me parece adecuado". Debes ser sutil, creativa y especulativa.

 Probablemente piensa en otras personas (pero, ¿eso está bien?)

Pueda ser que esto te genere o no un gran malestar, pero hay posibilidades de que mientras esté contigo ocasionalmente, tu chico tenga fantasías con la modelo que posó en vestido de baño en la portada de la última revista *Sports Illustrated*. En realidad, es probable que tenga estos sueños con mayor frecuencia de la esperada. "Continuamente pienso en otras parejas", dice Joe, consultor, de 49 años. Según nuestros encuestados, las fantasías con parejas diferentes son un pasatiempo muy común e inocente. Y, seamos honestos: ¿jamás has pensado en alguien diferente mientras agonizas de pasión?

Y sí, pueda ser que tu hombre tenga fantasías con otras mujeres, pero esto no significa que te vaya a ser infiel. Matt resume

ÉL DICE

Si tenemos una muy buena relación es probable que comparta mis fantasías contigo, pero si lo hago no salgas corriendo ni me trates como a un enfermo.

■ ■ ■ ■ ■

los sentimientos de la mayoría de los chicos cuando nos dice: "Creo que podrías pensar que te he estado rechazando si yo te contara acerca de todas las mujeres con las que yo he pensado en tener sexo. Es, simplemente, un pensamiento, un reflejo, algo como 'oigan: ella tiene una cara muy bonita', me hace pensar en 'me gustaría hacerlo con ella'. Seguramente no lo haría, pero me gusta pensar en ello, algo así como mi propia película de porno. Tengo algunas amigas mujeres con quienes pienso en hacerlo todo el tiempo, pero a quienes no les voy a contar y mucho menos te lo voy a contar a ti".

Las fantasías de tu hombre cumplen un objetivo importante cuando no estás con él. "Las usamos para cuidarnos a nosotros mismos cuando tú no estás, de modo que estamos pensando en ti", dice Álex, gerente, de 32 años.

 Sus fantasías son de diversos tipos

Te preguntarás: ¿con qué sueñan los hombres? Las fantasías específicas mencionadas en nuestra encuesta son de todo tipo. Algunas son algo descabelladas, mientras que otras te involucraban como quién toma la iniciativa.

∗ "Por lo general, implican tener sexo en lugares o situaciones en las cuales no he estado anteriormente". –Tom, 31 años, abogado.

∗ "Las lesbianas me excitan mucho. No sé cómo, pero lo hacen". –Patrick, 40 años, escritor.

∗ "En ellas las mujeres me seducen". –Randy, 45 años, profesor.

∗ "El único elemento esencial recurrente consiste en que la mujer desea locamente, en ciertos momentos, hacer todo lo que a mí me gusta. Ella completamente ardiente, y yo sin nada de movimiento: no se requiere ningún esfuerzo de comunicación". –Simón, 36 años, programador.

∗ "El sexo anal agrega otra dimensión". –John, 24 años, contratista.

ÉL DICE

Increíblemente no todas las fantasías masculinas implican una cerveza en la mano y un control remoto en la otra mientras la mujer practica sexo oral durante un juego de fútbol.

■ ■ ■ ■ ■

* "Me gustaría intentar *swinging*. Me siento muy seguro en mi relación, y me gustaría observarla con otro hombre o con otra mujer". –Walt, 27 años, gerente de mercadeo.

* "No tengo tantas fantasías sexuales". –Kelly, 27 años, estudiante graduado.

* "Hay muy pocas cosas que yo no intentaría". –Morgan, 27 años, analista financiero.

Algunas de las cosas que tu creerías son fantasías masculinas comunes no lo son. Por ejemplo: "No a todos los hombres les gustaría tener compañías múltiples", dice Dave, analista, de 40 años. Las fantasías son tan individuales como los hombres que las tienen.

El elemento pornografía

Ningún tema genera tanta inseguridad en el corazón de las mujeres como el de la pornografía. ¿Por qué les gusta tanto a los hombres? (Y no a todos les gusta). ¿Será que él no te encuentra atractiva? ¿Debes verla con él o hacer que la bote? Incluso, aquellas mujeres que poseen sus propias colecciones eróticas saludables se sienten desconcertadas cuando encuentran el tesoro secreto de su compañero compuesto por revistas de *Perfect 10*. Bueno, mujeres, queremos decirles algo: cálmense.

Debe tenerla

Te guste o no, la pornografía está cercanamente relacionada con la psique masculina. La mayoría de los hombres que contestaron nuestra encuesta se mantuvieron firmes en su necesidad por ella, y la denominaron "una necesidad" (Luke, 32 años, estudiante) y un "hecho fundamental para la vida" (Bob, 28 años , ingeniero) que satisface a los hombres "independiente de que sean casados o solteros" (Steve, 27 años, estudiante). "Debemos tenerla", dice Pete, vendedor, de 42 años, y cuanto más pronto aceptes el hecho, mejor será para ti. "Hay un lugar para ella en nuestras vidas, déjala existir", dice Paul, estudiante graduado de 29 años.

Para algunos hombres, el porno es un evento que ocurre a diario en

sus vidas, y por eso no es un gran problema. Para hombres como P. B., cazador de talentos corporativo, de 51 años, el interés en el porno es "algo insignificante". De hecho, "creemos que es divertido", dice Andy, electricista, de 45 años.

Algunos hombres dijeron —empleando un tono a la defensiva— que la pornografía era una "actividad perfectamente normal". "Lo hacemos desde que éramos muy jóvenes, y es algo seguro, privado, normal, muy común y no tiene nada que ver con las mujeres", dice Claude, músico, de 34 años. Marcus, gerente general, de 47 años, añade: "Nos gusta, y eso no nos convierte en pervertidos que no podamos convivir en comunidad. Con todo esto somos muy buenos esposos y padres".

Incluso, algunos hombres sugirieron que sería muy raro que a un hombre no le gustara la pornografía (aunque, tal como lo mencionaremos posteriormente, también hay algunos a quienes no les interesa en lo más mínimo). "No me interesa ver cuerpos hermosos impresos, estaré muerto o tal vez tampoco me interese en ti", dice Álex, gerente, de 32 años.

El interés de tu hombre por el porno no cambia sus sentimientos hacia ti en lo más mínimo; al menos, eso fue lo que nos aseguraron los encuestados. La pornografía "nos excita, pero no te reemplaza", dice Chris, ingeniero de *software*, de 34 años. "No disminuye para nada lo que sentimos por nuestra chica", comenta George, consultor de mercadeo, de 48 años. De hecho, "puede incrementar su deseo por ti", según lo comentó Morgan, analista financiero, de 27 años. "No la utilizamos para reemplazar a las mujeres, por el contrario nos incrementa el deseo por ellas", dice. "La uso para estimularme sexualmente, no para tener fantasías con la chica del video".

Tampoco implica que tu vida sexual esté fallando: "Simplemente porque la disfrutemos, no significa que pensemos menos en ti o que no nos sintamos completos contigo", dice Ben, arquitecto, de 40 años. "¡No lo tomes como un asunto personal!". Tampoco significa que tu chico espera que tú hagas lo que observas en la película o en imprenta: "Es fantasía", dice Brian, empresario, de 37 años. "No espero acciones similares de mi media naranja".

Más de un hombre acotó que es importante recordar que el porno solo apela a la orientación visual de los hombres, no más. "Pensamos de manera diferente", dice Pete, artista, de 51 años. "Los hombres se estimulan visualmente, y las mujeres tienden a estimularse en un nivel mental". Peter, enfermero, de 58 años, lo dice abiertamente: "A los hombres les fascina observar genitales femeninos y el acto sexual". Nuevamente, esto no tiene nada que ver contigo:

* "No las juzgamos con respecto a las mujeres que posan en imágenes pornográficas. Es estímulo visceral estrictamente". –Jacques, 52 años, diseñador gráfico.

* "El hecho de que nos excitemos locamente cuando observamos a otras mujeres teniendo sexo, no significa que no dis-

frutemos del sexo con nuestras compañeras ni que las amemos menos". –Richard, 35 años, profesor.

* "Es, simplemente, una inducción visual. No es tan llamativo como una mujer real y los sentidos que ella nos estimula". –Jordan, 45 años, profesional en mercadeo.

* "Me excita ver mujeres desnudas y situaciones sexuales, pero no disminuye mis sentimientos hacia ti". –William, 39 años, gerente de desarrollo de negocios.

Algunos hombres sugirieron que el porno, al ser un conducto seguro de sus impulsos sexuales, es mejor pasatiempo que otras actividades que puedan buscar. "Así como los deportes permiten que la violencia se canalice adecuadamente, la pornografía permite que la tendencia masculina biológica hacia la promiscuidad tenga un final totalmente imaginario", dice Richard. (Creemos que esto es un poco sexista, no estamos seguros de si los hombres están predispuestos a la promiscuidad, pero, quién sabe, tal vez él esté en lo cierto).

David, administrador de sistemas, de 43 años, nos recuerda que el interés por el porno no significa que el hombre sea infiel: "Todos los hombres sienten al menos una curiosidad mínima por esta actividad. No es algo por lo cual preocuparse, es mejor masturbarse observando una imagen en la revista o el video que salir a la calle e involucrarse en el sexo inseguro con una extraña". (Pueda ser que esté en lo cierto, pero te aseguramos que muchos hombres no saldrán a la calle y te traicionarán si no pueden tener entre sus manos un ejemplar de *Hustler*).

Cláusula final: Hay otras situaciones por las cuales preocuparse. Ned, abogado retirado, de 48 años, lo resume mejor al decir: "Es como comer hamburguesa. A algunos hombres puede que les guste, a otros no, y existen aquellos a quienes en realidad les encanta".

No hay problema. Finalmente, no produce ningún daño, entonces, ¡deja de preocuparte!

Advertencia: Si el interés de tu hombre por el porno parece opacar las demás actividades que realiza, como comer, dormir o tener sexo con su media naranja, o se inclina hacia prácticas comúnmente descritas como ilegales, hay que tener cuidado.

Podríamos entrar en una discusión con respecto a lo que es "normal" o no, pero también estamos seguros de que sabes dónde marcar la diferencia.

Él desea disfrutarla contigo

Hay algo mejor que entender el interés de tu hombre por la pornografía y es disfrutarla con él. "Todos la leemos, la escondemos en algún lugar y nos encanta; por tanto, si puedes aceptarlo y evitar hacerlo sentir como un pervertido te amará por esto", dice Patrick, escritor, de 40 años. Además, "los hombres no se desilusionan de una mujer simplemente porque le gusta la pornografía", dice Waly, gerente de mercadeo, de 27 años. "De hecho, nos excita mucho más cuando la mujer también la lee". Para algunos hombres, observar juntos pornografía es parte de los juegos preliminares.

* "No sientas que compites con ella. De hecho, si te gusta, estás en gran ventaja. Muchísimo mejor si la ves conmigo". –Mike, 23 años, estudiante y empleado de restaurante.

* "La pornografía es buena y las mujeres no deben sentirse intimidadas por ella. (Efectivamente, mi definición de porno incluye desde historias eróticas suaves hasta videos triple X). Experimentar el porno juntos puede generar una divertida noche de juegos". –Patrick, 41 años, profesional en mercadeo.

* "Sería buenísimo observarlo con la mujer adecuada". –Ted, 27 años, asistente de producción.

* "A los hombres les encanta y la disfrutarían más si la compartieran con sus compañeras". –Sam, 52 años, músico.

Sin embargo, puede ser que algunos hombres no deseen observarla contigo porque no quieren enfrentarse a la posibilidad de que los juzgues. "Me encanta el porno, pero no deseo observarlo contigo porque creo que te molestarás, y pienso que es degradante para las mujeres o, simplemente, estúpido y grotesco", dice Matt, activista político, de 46 años.

Y, por encima de todo, si vas a observar un video nocturno para mayores de edad con tu pareja, deja tu inseguridad de lado. Robert, abogado, de 39 años, aconseja: "Si lo vas a hacer conmigo, no hagas preguntas comparativas como '¿Crees que ella es bonita? ¿Te gustan pequeñas, medianas, grandes? ¿Ella es más bonita que yo?'. Yo no comparo a las mujeres de la pantalla contigo, por tanto no lo hagas tú, en realidad, es molesto".

Es una gran oportunidad para aprender algo de él

Esta es otra razón por la cual aceptarías la sugerencia de ver porno con tu chico: es una oportunidad casi inigualable para analizar su psique. "Observar la colección porno de tu chico puede ayudarte a descubrir lo que lo excita", dice Nigel, científico, de 31 años. Simón, programador, de 36 años, compara el porno con la comida chatarra: "La gente inteligente la rechaza por lo general, pero me pregunto si existe algún hombre que no la encuentre atractiva", dice. "Es estúpido, pero está diseñado para ayudarnos a dar el paso inicial, y, en realidad, lo hace. Si deseas saber cómo excitarme, intenta ver el video".

Por eso, debes ser muy cuidadosa al comentar lo que estás observando. "Si no te gusta, díselo, pero debes saber que ignorarás algo de su sexualidad", dice Malcolm, gerente, de 34 años. Un mejor enfoque podría ser preguntarle pos-

ÉL DICE

Por eso *Playboy* es maravillosa. Tiene artículos para ti, y ¡fotos para él!

■ ■ ■ ■ ■

teriormente, y sin pretender juzgarlo, qué le llamó la atención del video o de la foto.

De hecho, la intención no es analizar profundamente sus intereses en cada una de las líneas del argumento de la película, pero, por otro lado, las preguntas curiosas y sencillas acerca de lo que ves podrán generarte respuestas interesantes. Por ejemplo: "Me gusta el porno clásico en donde hay una historia y los personajes son mujeres vestidas, no solamente personas desnudas teniendo sexo", dice Matt. "Me gustan las fantasías de mujeres mayores con hombres jóvenes, pero eso no significa que desee tener sexo con mi mamá". "Me gusta cuando las mujeres la pasan bien en las películas porque no me gustaría pensar que están siendo obligadas a tener sexo en la película". "Me gustan los objetos voyeuristas, y me gusta pensar que lo que parece real es, en realidad, fingido, porque me asustaría pensar que es verdadero".

Pregúntale a tu pareja qué le gusta y qué no (y no te asustes con lo que te diga). Si es reticente, cuéntale que te excita de lo que acabas de ver. Habrá grandes probabilidades de que actúes un par de escenas.

Puede ser bueno para tu vida sexual

Esto nos lleva al siguiente punto: el porno puede ser bueno para tus relaciones sexuales, según dijeron algunos de los hombres que contestaron nuestra encuesta. Incita tu imaginación, "actúa como estimulador divertido y fuente de variedad", señala Oliver, educador, de 42 años. Algunos hombres piensan, incluso, que los convierte en mejores amantes. "Sin él no podríamos complacer a las mujeres adecuadamente y estaríamos siempre pidiéndoles más", dice John, contratista, de 24 años.

A algunos hombres no les gusta

Sí, existen. Hay hombres a quienes no les interesa la pornografía. "No necesariamente nos debe gustar", dice Ted, gerente de logística, de 44 años. Para algunos, el porno es demasiado obvio. "Lo explícito no es siempre interesante", dice Boris, director creativo, de 43 años. "Lo imperceptible genera intriga".

La razón más común que mencionaron los hombres es que prefieren la realidad. "Lo real siempre será mejor", dice Sam, consultor de negocios, de 46 años. "¿A quién le interesan las fotos?", pregunta Brian, productor de películas, de 29 años. "Soy uno de los pocos hombres que no observan porno, que jamás han visto porno en la Internet, y que no leen revistas. No me disgusta el porno; simplemente, me gustan las cosas reales".

J. B., ingeniero de *software*, de 50 años, agrega: "Prefiero estar contigo".

Sexo, mentiras y video

Una cosa es ver a alguien tener sexo en pantalla grande o en una revista y otra protagonizar en carne propia una película pornográfica. De los hombres que entrevistamos, el 33 % se ha tomado una foto teniendo sexo (con permiso de sus parejas). Algunos, como Paul, estudiante graduado, de 29 años, lo hizo "por pura curiosidad". Otros lo encontraron muy emocionante, durante y después de la relación (lo cual podría ser una razón para no hacerlo). "Es maravilloso, incluso después de que la relación ha terminado", dice Malcolm, gerente, de 34 años. Claude, músico de la misma edad, siente que, aunque "es raro verlo muchos años después de haber terminado la relación, es muy excitante, especialmente mientras te masturbas".

Algunos hombres encontraron la experiencia demasiado erótica. "En la oficina de mi jefe después del trabajo, nos inventamos una escena pornográfica en la cual yo la entrevistaba para un trabajo", cuenta Morgan, analista financiero, de 27 años. "Yo estaba tan nervioso y excitado que eyaculé antes". La sensación de peligro incrementa la emoción. "Hacer un video porno de ti mismo es algo peligroso, pero es muy excitante mientras lo haces y mientras lo observas posteriormente", dice Marcus, gerente general, de 47 años. De hecho, "hacerlo fue mucho mejor que observarlo posteriormente", dice Jack, diseñador gráfico, de 52 años.

Sin embargo, la mayoría de hombres, el 66 %, no han llevado sus orientaciones sexuales a la cinta. Estos hombres se clasifican en dos grupos: en el primero se encuentran aquellos cuyos intereses fueron atenuados por la realidad, por ejemplo: "Puede ser divertido, pero no me interesa lo suficiente como para intentarlo", dice Sam, consultor de negocios, de 46 años, "porque después tendrás una cinta estúpida en la cual te verás torpe y con sobrepeso". Para otros, el riesgo opaca la diversión: "Me he tomado fotos desnudo", dice Nigel, científico, de 31 años, "pero jamás he filmado el sexo. Ambas partes arriesgarían demasiado. Hay rompimientos, la gente puede verlo...". Allen, productor de películas, de 35 años, quien debe saber de lo que habla, nos aconseja: "Siempre te estará persiguiendo".

En el segundo grupo se encuentran los hombres a quienes les gustaría tener la oportunidad de filmarse a sí mismos en situa-

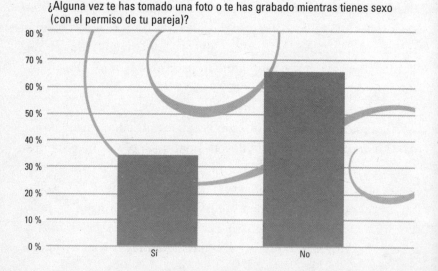

¿Alguna vez te has tomado una foto o te has grabado mientras tienes sexo (con el permiso de tu pareja)?

ciones comprometedoras. "Me encantaría ensayarlo, pero nunca he encontrado a alguien interesado en hacerlo", dice J. B., ingeniero de *software*, de 50 años. "La idea me excita", dice Patrick, escritor, de 40 años.

Estoy listo para el primer plano: juegos sexuales de rol

Hay una razón por la cual Halloween es tan popular entre chicos y grandes: nos brinda una excusa socialmente aceptable para jugar a ser alguien más; lo mismo ocurre en la cama. Asumir un rol temporalmente con tu amante, como la chica del harén y el sultán, el profesor y la alumna, la diosa y el devoto, añade espontaneidad y diversión a tu relación. Para muchos hombres, los juegos de rol generan una oportunidad de realizar sus más ardientes fantasías, lo cual podría ser la razón por la cual más del 45 % de los encuestados contestó "obviamente, ¿por qué no?" cuando les preguntamos si estarían interesados en practicarlos.

Incluso aquellos que no lo sugirieron estarían dispuestos a la idea. "No es algo que yo propiciaría, pero podría agregar acción a la relación", dijo Ted, asistente de producción, de 27 años. "La variedad agrega novedad y hace que el sexo sea más interesante", dice Dan, agente de bienes raíces, de 38 años, "y los juegos de roles te permiten expresar tus fantasías". "Los juegos de roles son una manera de desafiar los confines de una relación sexual predecible", según lo dice Malcolm, gerente, de 34 años.

Los juegos de roles pueden ser una forma segura de explorar las fantasías dándole rienda suelta a la imaginación. "Creo que nos permiten expandir nuestro repertorio sexual de manera segura porque simplemente estamos actuando un rol", dice Jordan, profesional en mercadeo, de 45 años. "No eres tú en realidad, eres alguien a quien imitas. Así puedo ser un monje, un ejecutivo, un profesor o un estudiante, sin necesidad de que lo que hago sea parte de mí".

Algunos hombres piensan que este es un aspecto menos positivo. La gente se involucra en los juegos de roles porque "no están satisfechos con la persona que son ni con la persona con la cual están", dice Randy, profesor, de 45 años.

Pero aquellos hombres que han intentado los juegos de roles han abierto nuevas opciones sexuales. "He intentado algunos juegos de roles sexuales muy leves", dice Dan. "No nos apersonamos completamente del personaje, fueron, simplemente, comentarios y actitudes. Ella era la pequeña zorrita; yo era el papá, algo así. Fue excelente y nos ayudó a excitarnos".

También puede ser muy divertido: "Mi novia y yo fuimos alguna vez a una de esas cenas en las cuales todos se disfrazan y resuelven un misterio", dice Patrick, escritor, de 40 años. "Yo era un pícaro rastreador australiano y ella era una puritana arqueóloga inglesa. ¡La pasamos muy bien! Ahora ella disfruta cuando le susurro con mi acento australiano. Casi siempre nos lleva al sexo. Es muy divertido, y definitivamente incita al sexo".

Hay otros hombres que han llevado los juegos de rol mucho más lejos. Malcolm, de 34 años, describe experiencias que fueron "planeadas con disfraces, habitaciones de hotel y ciudades distintas; otras han sido planeadas en el trabajo, la iglesia o la casa de sus padres. En general, las experiencias han sido muy agradables, divertidas y satisfactorias; permitieron diferentes tipos de interacciones, como tener sexo con las prendas parcialmente puestas, desgarradas o en posiciones de sumisión".

¿Excita o inhibe?

Para un tercio de nuestros encuestados, los juegos de rol son poco interesantes. Estos hombres piensan que la realidad es lo suficientemente sensual como para buscar juegos. "He sido tentado por varias parejas para aceptar algunos roles o aceptar los que ellas proponen", dice Randy, "creo que alguna vez me pidieron que fuera un doctor e hiciera un examen. No funcionó para mí. Me encanta ser yo mismo y que mis parejas sean quienes en realidad son, aunque disfruto de sus alocadas y malvadas personalidades. Me gusta que el sexo sea real y no fantasioso".

David, administrador de sistemas, de 43 años, dice: "No estoy en contra de la idea, pero, en general, creo que hay que vivir el momento y amar a la persona con la que estás". Ted, asistente de producción, de 27 años, agrega: "No me llama la atención actuar fuera de la habitación, requeriría de alguien que en realidad quisiera que yo lo hiciera".

Y hay otros hombres para quienes los juegos sexuales tienen que ver con la decadencia de la relación. "Creo que nunca he llegado a tal punto del aburrimiento en la cama en el cual me pregunte a mí mismo '¿qué hago ahora?' y entonces deba recurrir a los juegos de roles", dice Paul, estudiante graduado, de 29 años.

Para el 21 % de nuestros encuestados su interés en los juegos de roles depende de su pareja y de la situación; es decir, la seguridad que sientan en la relación. "Debes sentirte seguro con la persona, emocional y físicamente", dice Jordan. "Nunca me sentí seguro con mi última novia, por eso, nunca exploré nada. Además, jamás pude dormir bien mientras estaba con ella". Patrick, escritor, estaba de acuerdo. "Muchos hombres son tímidos, por eso, debes estar muy segura de que tu pareja no se sienta desilusionada", dijo.

Para algunos hombres, esto tiene que ver con la manera como está definida la relación. "Solamente lo haría para mantener la relación viva, en caso de que fueran juegos de roles o nada", dice Ted, asistente de producción, de 27 años. "Eso signifi-

ÉL DICE

Los juegos de roles o pequeñas actuaciones pueden ser maneras muy saludables de realizar mis fantasías contigo, pero la mayoría del tiempo solo lo haremos si me siento muy a gusto contigo. Las esposas, por ejemplo, significan más confianza entre la pareja que verdadero control.

■ ■ ■ ■ ■

caría que es seguramente una relación que lleva cierto tiempo, o, tal vez, la primera noche en una relación. Creo que es más probable en una relación joven, pero ya existente".

En ocasiones, simplemente, depende de las dos personas involucradas: "Algunas parejas pueden crear toda la ilusión y el ambiente de los juegos de roles", dice Malcolm. "Otras solo mantienen su personalidad".

Existen algunos hombres que lo ven como un escape de la realidad, pero no de manera positiva. "Hay hombres que escogen tener sexo con parejas hacia las cuales no se sienten sexualmente atraídas", dice Randy, "los juegos de roles les permiten ser quienes no son y estar con alguien que no está allí".

A nosotros nos gusta ser más benévolos. Vestirse como alguien más, o, simplemente, pretender ser algún personaje puede generar una buena atmósfera, y, en una relación adecuada, permitirte explorar aspectos de tu sexualidad que de otra manera reprimirías. Por alguna razón se llaman juego de roles.

Más allá de la vainilla: BDSM

Perversión: está en la mira (o en la mente) de quien la lleva a cabo, especialmente cuando se trata de prácticas como la disciplina y atar con cuerdas o cadenas (bondage), la dominación y la sumisión, y el sadomasoquismo. Al contrario de las creencias populares, en el sadomasoquismo no es necesario poseer objetos de cuero ni desear ser azotada. Simplemente, querer excederte un poco en tus límites y explorar nuevas sensaciones (por lo cual estas prácticas funcionan mucho mejor en relaciones muy bien establecidas cuando hay bastante confianza).

Sin embargo, los hombres de nuestra encuesta se dividieron según su gusto por el sadomasoquismo: el 29 % desean intentarlo "en cuanto nadie salga herido"; para estos hombres, esta prác-

¿Tienes algún interés en los juegos sexuales de roles?

| | Sí, ¿por qué no? | No, no me interesa | Depende de mi pareja y de la situación |

tica les permite renunciar o aceptar el control, y, obviamente, acercarse a sus parejas:

* "Tengo facilidad para la dominación y me gusta jugar a los roles cuando la mujer se rinde ante ella y puedo poseer su mente y su cuerpo". –William, 39, gerente de desarrollo de negocios.

* "Hay muchas, muchas cosas que en realidad deseo intentar. La mayoría de ellas están relacionadas con una mujer que me domine y sea fuerte". –Mike, 23 años, estudiante y empleado de restaurante.

* "Me encanta ser dominado, para lo cual estoy predispuesto desde el principio. De esta manera, evito que nuestra relación se estanque". –Nigel, 31 años, científico.

* "He intentado las esposas y el sexo fuerte. Fue maravilloso y a ambos nos encantó. Hay diferentes razones para ella y para mí; fue el control y el hecho de compartir fantasías íntimas lo maravilloso del acto". –Dan, 38 años, agente de bienes raíces.

* "Lo atractivo es la pérdida del control; tener que rendirse ante alguien más. Esta es una nueva faceta para mí. También significa empujar a tu amante hacia el extremo y después traerla de vuelta. Para mí, se trata de ver cuánto éxtasis puede soportar tu amante". –Jordan, 45 años, profesional en mercadeo.

* "Amarrar a tu novia es muy divertido, ¡así como ser amarrado por ella! Es maravilloso tener a alguien completamente rendido a tus pies. Nosotros compramos unas esposas cubiertas de pieles y las amarramos a las esquinas de la cama, entonces cada vez que nos enredamos en una guerra de cosquillas tenemos la posibilidad de que uno de los dos termine amarrado a una de las esquinas de la cama". –Patrick, 40 años, escritor.

* "Nunca me he involucrado en esos juegos por mi propia voluntad, solamente cuando me azotaron en una riña callejera. Me pareció una experiencia raramente estimulante. Una vez te han golpeado fuertemente, los problemas del trabajo no son nada". –David, 43 años, administrador de sistemas.

¿Placer o dolor?

Los hombres que se han involucrado en los juegos sadomasoquistas han descrito la experiencia como "intensa". Jordan recuerda una práctica de atar, muy suave: "Fue un juego preliminar maravilloso. Ella se dejaba llevar y confió en mí para poder elevarla. Cuando los roles se invirtieron, yo me dejé llevar y empecé a recibir; algo que no ocurre muy seguido. La situación fue más excitante cuando descendimos para hacer el amor porque los juegos preliminares fueron muy intensos". Randy, profesor, describió a una novia que disfrutaba dejarse atar. "Yo la amarraba con pañuelos a la cama, y sus orgasmos eran los más intensos de su vida. Había algo en la falta de libertad que le permitía perder el control, que de otro modo le evitaba tener orgasmos dementes.

Yo lo intenté, pero no disfruté de mi falta de libertad, aunque mis orgasmos eran igualmente intensos".

Algunos hombres lo han intentado casi todo, con resultados diversos: "Lo básico fue cubierto: sexo estando amarrado, caminado de perro con una correa, lucha, cera caliente o cubos de hielo, palmadas, duchas doradas, etc.", dice Malcolm, gerente, de 34 años. "Las experiencias desde la perspectiva de la realización se tornaron en una aventura de lograrlo o no. También fue difícil entender quién ganaba más en esta relación: la persona que controlaba o la controlada".

Sin embargo, el sadomasoquismo no es interesante para casi el 40 % de nuestros encuestados, especialmente para aquellos que lo relacionan con lastimar a alguien. "No soy un fanático de los actos violentos", dice Ted. Malcolm acuerda: "Siendo honesto, cuando me piden que golpee a mi pareja en la cara, pierdo el interés".

Randy dice: "Placer es placer. Dolor es dolor. Para mí, la línea está muy clara. Amarrar a alguien es una forma de dolor (pues se retiene la libertad), y no genero ningún placer dando ni recibiendo dolor. Pero, para algunas personas, las respuestas al placer y el dolor están muy relacionadas. Personalmente, creo que los entusiastas de estas práticas están perdiendo el objetivo".

Un nivel de confianza

Para el 32 % de los hombres de nuestra encuesta, el deseo de experimentar con sadomasoquismo depende completamente de su compañera y de la situación, específicamente de cuánta seguridad le genere la relación. "Debes sentirte lo suficientemente cómodo para aceptarlo o podrías sentirte tan apenado que lo arruines todo", dice Dan. Jordan anota: "Nuevamente, todo se trata de confianza y de sentirse seguro".

Para algunos hombres puede ser llamativo un día, pero no al siguiente: "Ocasionalmente, no siento ganas de involucrarme en una pelea", dice Patrick, escritor. "Es muy fácil dejarse llevar por el alboroto, por lo cual debes ser muy cuidadoso o podrías salir herido".

Además, depende del cubrimiento psicológico de las dos personas involucradas, tal como lo señala Malcolm: "Algunas parejas son capaces de construir la ilusión requerida para esta práctica. Otras, simplemente, no soportan el dolor ni asocian el dolor con el placer. Asimismo, creo que hay una conexión muy fuerte con las capacidades emocionales o sicológicas cuando se involucran en esto. Hay mayor variación en la gente a nivel psicológico. Puede generarse mucho más experiencias negativas, como las violaciones, el abuso y el rechazo, y eso podría terminar cualquier relación sexual (o explicar el comportamiento sexual extremo)".

Por otro lado (y no sería justo si no presentamos el lado opuesto), hay hombres, como Randy, que ven el sadomasoquismo como signo de una relación fatal, y sienten que optimiza los roles de género. "Nuevamente, muchos hombres escogen parejas que no los excitan sexualmente", dice. (¿Lo hacen? Esto es nuevo para nosotros... pero, entonces, cuando pensamos en las parejas que conocemos, tal vez no). "Ellos buscan algún juego de roles o alguna situación fantasiosa que pueda excitarlos. Además, la mayoría de los hombres son criados con ideas de hombre fuerte = sadomasoquismo. Se supone que debemos disfrutar de un poco de dolor y sufrimiento; esa es la idea de ser hombres. Si nos preocupamos por los demás y nos molesta el dolor y el sufrimiento nos veremos femeninos y débiles. Los hombres, por lo general, confunden el dominio con el placer. Piensa en el concepto de la ganancia".

De cierta manera, tenemos que discrepar. Sí, los hombres de nuestra cultura son alentados a la violencia.

(Quisiéramos saber por qué la violencia es aceptada en la televisión y las películas, pero el sexo es prohibido en estos medios con señales específicas). Sin embargo, presionar tu sobre erótico

¿Qué piensas del sadomasoquismo?

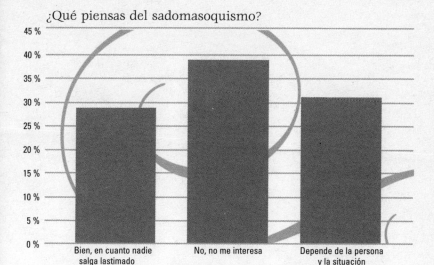

con sadomasoquismo y los juegos de roles es una manera de explorar tus deseos más íntimos y, en el contexto de una relación estable, aplaza lo predecible (que, por lo general, mata el erotismo).

Ensayar juntos nuevas ideas, ya sea un nuevo plato o un nuevo juego sexual puede llevarte de vuelta a los inicios de la relación, a lo desconocido y lo nuevo, y a la excitación tremenda. Los juegos de rol y el sadomasoquismo no son para todos, pero si eres un poco curiosa y aventurera, inténtalo y no te sientas culpable.

ÉL DICE

Para muchos hombres, sadomasoquismo es una manera muy agradable de explorar la relación y ensayar nuevas opciones; sin embargo, no es el objetivo principal. De vez en cuando, la llama se enciende y queremos ser el agresor, mientras que en otras ocasiones nos sentimos bien si tú tomas el control. Como ocurre con todo, es importante definir si estas fantasías y juegos de roles son un "deber" o un "placer" en tu relación.

■ ■ ■ ■ ■

"No sientas pena de contarnos lo que te excita ni lo que te gusta. Muchos haríamos lo que fuera por complacer a una mujer".

—Mike, 23 años, estudiante y empleado de restaurante

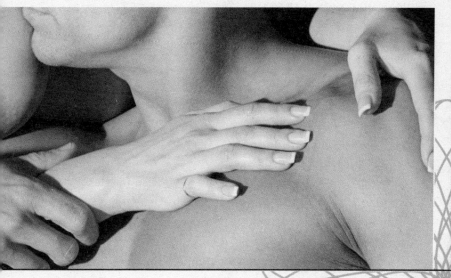

CAPÍTULO NUEVE

Cómo saber qué desea tu hombre en la cama

Finalmente, nuestra encuesta reveló algo que todos sabemos, pero que, por lo general, olvidamos: a todos los hombres les gustan o disgustan las mismas cosas; sin embargo, cada uno de ellos tiene sus propias preferencias, peculiaridades y puntos de excitación. La única manera de descubrir lo que en realidad le gusta consiste en hablar con él. Tu compañero no posee percepción extrasensorial, y, obviamente, tú tampoco (bueno, podrás creer que la tienes, pero créenos, es mejor no correr el riesgo).

Reactiva la conversación

Ahora, cuando decimos que debes hablar de sexo con tu pareja, no queremos decir que en la primera cita debes aparecer con una lista de cincuenta preguntas acerca de sus preferencias sexuales. A nadie le gusta ser interrogado (a menos que esto forme parte de alguna escena en un juego de roles de detectives y sospechosos y ambos hagan parte de ella, en cuyo caso puedes proceder). Estamos, simplemente, pensando en conversaciones que ocurren gradualmente, orgánicamente, en cuanto se conocen el uno al otro y conocen sus cuerpos. Incluso, si es la primera vez que están en la cama juntos, puedes indicarle lo que te gusta usando palabras y gestos. Acá te presentamos entonces algunos consejos para comenzar:

 En el sexo aural Si eres tímida para expresarte en la cama, no lo seas. A los hombres les encanta escuchar suspiros, gemidos y gritos de éxtasis (esto les confirma que están haciendo bien las cosas). Además, si retienes la respiración fuerte, represarás el poder de tu orgasmo. Si escuchas a tu pareja también podrás tener una idea de lo que le gusta.

 Habla Simplemente, dile que quisieras que se corra un poco hacia la izquierda o que se mueva mucho más rápido o despacio o lo que sea. No es necesario que te comportes como un sargento impartiendo órdenes. Tampoco lo critiques. Si le indicas suavemente lo que debe hacer, lograrás maravillas. Por tanto, la próxima vez que estés en la cama con él indícale, por lo menos, una sola cosa que quisieras que él hiciera. Incluso, si han estado juntos durante años y no son muy tímidos a la hora del sexo, es una buena idea pedir nuevas acciones. A veces llegamos a la rutina sexual cuando asumimos que nuestra pareja "sabe" lo que debe hacer. No es mala idea ensayar nuevos trucos.

Inicia los juegos sexuales con anticipación

Habla de sexo cuando te encuentres en un sitio diferente a la habitación. Inicia la conversación sexual a la hora de la cena o mientras se toman un café. Sé práctica. Sé curiosa. Usa este libro como punto de inicio, si lo deseas: "El otro día leí en este libro que al 82 % de los hombres les encanta observar a las mujeres mientras se masturban. ¿Tú qué piensas?". Pregúntale por sus experiencias y preferencias. No solo aprenderás algo de él, también, sin importar cuán calmada sea la discusión, le incitarás a pensar en lo que a ti te gusta con respecto al tema de conversación (obviamente, asegúrate de que este chico sea la persona con la cual te gustaría involucrarte en ese tipo de práctica). La expectativa puede ser un gran afrodisiaco, y además, tal como lo mencionamos, el 99 % del sexo entra por tus oídos.

También puede ser bueno hablar de problemas o temas sexuales en un sitio diferente a la habitación, cuando ambos se sientan relajados. Tomar cierta distancia de la "escena del crimen" puede ser saludable para los dos. Tal como lo indicaron los hombres de nuestra encuesta, el periodo posterior al sexo no es un buen momento para analizar su rendimiento ni, mucho menos, para hablar a profundidad de la relación.

Decide no tener sexo

Esta es la situación: ustedes tienen una hora para estar juntos en la cama y hacer cualquier cosa que deseen.

ÉL DICE

Gusto, tacto, olfato, vista y oído; nuestros cinco sentidos ofrecen posibilidades maravillosas de exploración durante los juegos preliminares.

■ ■ ■ ■ ■

Las opciones: tener cualquier tipo de sexo. Pueden hacerse masajes el uno al otro o, simplemente, hablar durante una hora de los eventos del día que acaba de pasar. Aunque es contrario a la intuición, cuando se toma la decisión de no tener sexo se deben buscar otras formas de relacionarse.

Esto los hará sentirse más cercanos y, seguramente, la próxima vez que hagan el amor será mucho mejor.

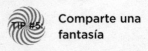 ### Comparte una fantasía

Una encuesta realizada por el Instituto Kinsey encontró que 70 % de los hombres y mujeres han tenido fantasías mientras tienen sexo con su pareja. Intenta compartir alguna de tus fantasías con tu compañero. Si es una relación nueva, sería mejor iniciar con una fantasía delicada. Evalúa su reacción.

Probablemente, tu chico descubra que tus fantasías eróticas son increíblemente excitantes.

Posteriormente, pídele que comparta una de sus fantasías contigo. Sin embargo, debes prometerle que no te vas a sentir mal (o, por lo menos, no se lo hagas saber).

No sientas que debes llevar a cabo tus fantasías si no lo deseas. Describirle tus fantasías sexuales puede ser extremadamente excitante para los dos. De diversas maneras, describir lo que pasa por tu mente es mucho más privado que revelar tu cuerpo; puede acercarlos mucho más y hacer que el sexo sea mucho mejor (si existe).

Los hombres comparten sus ideas

Podríamos hablar del tema del sexo durante otras 700 páginas. Incluso, después de responder más de cincuenta preguntas de nuestro cuestionario, hay chicos que tienen mucho más qué decir. Cuando les preguntamos si había algo más que desearan que las mujeres supieran, nos presentaron algunas opciones:

Sé entusiasta

* "Ya lo he dicho antes: el entusiasmo es lo más importante para mí. Las demás técnicas, símbolos y lugares no son tan importantes como el entusiasmo. Además, cuando hay emoción, los demás aspectos son irrelevantes".
–T. J., 42 años, músico.

* "Debes desear hacerlo, y demostrar que lo quieres hacer conmigo. El contacto visual es vital. Espero que ella disfrute cuando eyaculo dentro de su cuerpo o en su boca. Cuando dice 'mmm', y sonríe después del orgasmo puede ser muy excitante". –Serge, 27 años, estudiante.

Disfrútalo

* "Déjate llevar completamente. El sexo se trata, simplemente, de estar en el momento preciso y a la hora precisa, lo demás no interesa. No dejes que nada interfiera". –William, 39 años, gerente de desarrollo de negocios.

* "La vida es demasiado corta como para no disfrutar de este aspecto de nuestras vidas". –Allen, 35 años, productor de películas.

Ten confianza en ti misma

✳ "En general: ser abierta, desinhibida, segura de ti misma te conduce al mejor sexo". –Nigel, 31 años, científico.

✳ "Es correcto ser agresiva y dar el primer paso. Puedes usarme como un objeto para el sexo. No me importa". –Ben, 40 años, arquitecto.

La conexión es importante

✳ "Para mí, la clave del buen sexo consiste en tener una pareja flexible (física y emocionalmente), con la cual puedas compartir algún sentido de conexión". –Sam, 46 años, consultor de negocios.

✳ "No se trata solamente del sexo. Simplemente, el sexo hace que todo lo demás sea mucho mejor". –J. B., 50 años, ingeniero de *software.*

No siempre los hombres deben tener sexo

✳ "Los hombres no necesariamente deben tener un orgasmo para disfrutar completamente de la relación". –Dan, 38 años, agente de bienes raíces.

✳ "Créanlo o no, hay momentos en los cuales me siento feliz de estar desnudo en la cama y no tener sexo; bueno, tal vez en un ratito...". –Ted, 44 años, gerente de logística.

Analiza tus juegos mentales

✳ "En gran parte, el sexo es mental. Puedes desear tener sexo tan rápido como desear no tenerlo". –John, 24 años, contratista.

✳ "Resta énfasis al sexo como un indicador del amor y una validación de tu propio valor personal". –George, 50 años, abogado.

* "Puedes mirar a otra mujer y estar totalmente enamorado de tu compañera". –Pete, 51 años, artista.

* "Desearía que el hecho de tener sexo con otras personas cuando estás comprometido en una relación no fuera tan peligroso para la estabilidad emocional. Me gusta en cierto modo la variedad, pero sé que si saliera con alguien diferente al siguiente minuto desearía salir con otra persona. Simplemente, me gusta la novedad y la excitación del flirteo. Sin embargo, estar comprometido es mucho más importante para mí que la novedad de ver a alguien nuevo. De cierta manera, entiendo cuando después de un *affaire* el hombre dice: '¡Solo fue sexo, no significó nada!'. Sé que no es aceptable, por eso me masturbo y tengo fantasías. Funciona". –Matt, 46 años, activista político.

Cuando se trata de discutir del sexo, los temas potenciales son infinitos.

Algunas palabras sabias de cierre

En nuestra encuesta y en las conversaciones se mencionó, una y otra vez, que los hombres desean hablar con sus parejas de sexo. Cuando contamos a los hombres que estábamos escribiendo este libro, sus ojos alumbraron. Ellos deseaban participar en nuestra encuesta, es más, deseaban que todos sus amigos también participaran, y deseaban contar todo lo que sabían. Deseaban compartir toneladas de opiniones y sentimientos con respecto al sexo, pero antes nadie les había pedido que lo hicieran.

Igualmente, importante fue el hecho de que también deseaban es-

> **ÉL DICE**
>
> La masturbación no significa infidelidad. Simplemente, es la práctica del ritmo y la velocidad. Es en serio.
>
> ■ ■ ■ ■ ■

cuchar. "Las mujeres deben ser abiertas con los hombres acerca de sus deseos sexuales", dice Marcus, gerente general, de 47 años. "No hay nada mejor que tener una reunión de mentes sexuales", agrega Mike, estudiante y empleado de restaurante, de 23 años. "No tengas miedo de decirnos lo que te excita o lo que te gusta. Muchos de nosotros haríamos lo que fuera por complacer a una mujer".

Y debes ser honesta, tal como lo dijo uno de los hombres: "No utilices el sexo como si fuera dinero. Si alguien te atrae, ¡demuéstralo! Respetamos tu deseo mucho más que los juegos con los que te haces la difícil".

Nuestra cultura está obsesionada con el sexo. Pero, así como lo deseamos, es probable que no lo apreciemos ni lo entendamos. Puedes encontrar descripciones de todas las prácticas sexuales en Internet, pero también es probable que no tengamos ni idea de cómo producir un orgasmo en nuestra propia pareja o esposa. Las discusiones reales acerca del sexo no son muy comunes. "En nuestra sociedad no es fácil hablar de sexo", dice Malcolm, 34 años. "¡Por tanto, inténtalo!".

Eso es todo lo que puedes hacer cuando se trata del sexo: intentar. Intenta explorar, intenta hablar con el otro, y, sobre todo, intenta disfrutar el sexo y ¡a tu pareja!

ÉL DICE

Cynthia y yo esperamos sinceramente haber podido introducirte al mundo de la psique sexual masculina, y que hayas podido entendernos un poco mejor. En última instancia, los hombres deseamos que veas más allá de nuestros errores y continúes acostándote con nosotros. Si no lo haces por amor o por gratificación personal, hazlo, por lo menos, para asegurar la continuidad de la raza humana. Además, piensa cuán agradecido se sentirá tu compañero cuando descubras su enorme colección de porno y le permitas conservarla.

■ ■ ■ ■ ■

Reconocimientos

Empezamos esta tarea antes del nacimiento de nuestro hijo y la logramos terminar el día de su sexto cumpleaños. El estrés del trabajo, el estudio y la crianza de un recién nacido nos hubiesen abrumado con seguridad, de no haber sido por el apoyo de nuestras familias. Queremos agradecer de corazón a Gerry, Michael y Ozi, Naseem, Rick y Virma, y Jim.

Además, quisiéramos agradecer a todos los hombres que contestaron a nuestra encuesta, compartieron sus puntos de vista y experiencias personales con respecto a la psique sexual masculina, contestaron numerosas preguntas de seguimiento y nos suministraron el material requerido para escribir este libro.

Un agradecimiento especial a los hombres y mujeres graduandos de la promoción 2006 de la Escuela de Negocios Berkeley Haas, de la Universidad de California. Cynthia desea, asimismo, expresar su gratitud a las mujeres del Word of Mouth Bay Area por su apoyo moral, y a Leonor, Susan e Ivanna por sus maravillosos servicios de alimentación y cuidados del bebé.

Por último, pero no menos importante, deseamos agradecer a nuestro agente Sheree Bykofsky de Sheree Bykofsky Associates; a nuestro impresor, Holly Schmidt; a nuestra editora, Ellen Phillips; y a nuestro *stel*, Amy Kovalski. Su paciencia sin límites, su guía y su cuidadosa edición nos ayudaron a producir este libro.

Índice